AF561042

LE SOCIALISME, L'ANTISÉMITISME ET LES IMBÉCILES

Pour en finir avec une chimère : la race maudite des Juifs

Questions contemporaines
Collection dirigée par Jean-Paul Chagnollaud, Bruno Péquignot et Xavier Richet

Chômage, exclusion, globalisation… Jamais les « questions contemporaines » n'ont été aussi nombreuses et aussi complexes à appréhender. Le pari de la collection « Questions contemporaines » est d'offrir un espace de réflexion et de débat à tous ceux, chercheurs, militants ou praticiens, qui osent penser autrement, exprimer des idées neuves et ouvrir de nouvelles pistes à la réflexion collective.

Dernières parutions

Nicole PERUISSET-FACHE, *Que sont les humains devenus ?*, 2020.
Coralie CAMILLI, *La fin de l'innocence, Une relecture du* Procès *de Kafka,* 2020.
Mokthar BEN BARKA, John CHANDLER et Daniel GREGORIO, *Rencontres religieuses : entre coexistence et cohabitation,* 2020.
Jean-Louis CHISS, *De la pédagogie du français à la didactique des langues*, 2020.
Les disciplines, la linguistique et l'histoire
Antoine BAUDON, *Les enjeux du désengagement des jihadistes*, 2020.
Arno MÜNSTER, *Émancipation (de Marx à Marcuse)*, 2020.
Mohamad SALHAB, Jean-Claude BEAUNE et Odette BARBERO (dir.), *La technologie une et multiple, Réflexions libanaises et françaises,* 2020.
Philippe JOURDAIN, *Gilets jaunes, Mai 68*, 2020.
Michel ADAM, *Composer avec la nature. Renaturation et géocitoyenneté*, 2020.
Jacques BEAUCHARD, *Le peuple contre le peuple. Démocratie et Gilets jaunes*, 2020.
Pierre MORLANNE, *Pour en finir avec les religions*, 2020.
Louise FINES, *Enfants au travail : le paradoxe de la nécessité et du choix*, 2020.
Abdelbaki BELFAKIH, Abdelkader GONEGAÏ, Bruno PÉQUIGNOT (dir.), *Art, individu et société*, 2020.

Jacques Aron

LE SOCIALISME, L'ANTISÉMITISME ET LES IMBÉCILES

Pour en finir avec une chimère : la race maudite des Juifs

© L'Harmattan, 2020
5-7, rue de l'Ecole-Polytechnique, 75005 Paris
http://www.editions-harmattan.fr
ISBN : 978-2-343-20567-0
EAN : 9782343205670

Préface
Définir l'antisémitisme pour ne plus le penser ?

Jamais je n'aurais pu imaginer vivre une époque aussi confuse. Né en 1933, de nationalité belge, fils d'émigrés juifs d'Europe centrale et orientale, je croyais, par l'expérience de toute une vie placée sous la volonté de comprendre le cours des événements qui nous ont précédés, nous façonnent, nous contraignent, mais auxquels nous réagissons à notre tour pour trouver notre place dans les formes d'organisation sociale de l'humanité à un moment donné de son histoire –, je croyais m'être fait enfin une opinion sur quelques ressorts des rapports humains. Le hasard avait voulu que mon grand-père maternel naquît dans l'empire des tsars, en Lituanie, où vivaient encore d'importantes communautés juives issues d'immigrations anciennes. Une longue ascendance impossible à suivre. Suivant les pas d'un frère aîné, il avait gagné Anvers, en Belgique, dans le seul espoir d'améliorer une condition qui s'avérait sans perspective, là où il venait d'achever son service militaire et retrouvait ses officiers russes impliqués dans le massacre de ses propres coreligionnaires. Dans la métropole anversoise, il rencontra ma grand-mère dans ce même milieu de déracinés involontaires. Elle y était arrivée à l'âge de six ans, avec sa mère, veuve et enceinte, et un frère. Ils se marièrent et eurent un premier enfant, un garçon, et une première fille, ma mère, une seconde fille en même temps que commença la guerre que l'on baptisa de grande et mondiale, enfin une troisième fille, deux ans après la fin du carnage. J'ai à présent quatre-vingt-six ans, plus que ne vécurent ma mère et ma grand-mère ensemble, qui toutes deux moururent assassinées à Auschwitz.

C'est assez dire que, à mon corps défendant, un mot, un nom bien étrange : antisémitisme, s'imposa à moi, sans doute avec l'âge de raison, un mot qui concentrait toute l'hostilité dont les gens de mon espèce (?) étaient censés être entourés. Le hasard, encore lui, voulait que mon grand-père soit né au moment même où ce mot proprement dénué de sens avait été imaginé dans le pays dont les troupes envahiraient pour la seconde fois mon pays natal. Et l'un des premiers soucis de cet envahisseur avait été d'imposer d'illégales mesures légales contre ce que j'étais censé « être » : un Juif. Comprenne qui pourra ; je n'étais certainement pas encore en mesure de comprendre. Chez l'homme, penser peut paraître une activité presque accessoire, et sans doute l'est-elle ; respirer, boire et manger, maintenir son métabolisme paraissent des fonctions plus vitales, mais comme nous sommes aussi des organismes sociaux, penser s'y glisse imperceptiblement et s'y ajoute comme un artefact supplémentaire avec son usage et ses règles propres, aussi indispensables à la survie que nos réactions primaires plus instinctives. Je pensais donc, le temps passant, m'être familiarisé avec le sens des mots, et notamment avec ce néologisme bizarre et barbare.

N'étant pas un pur esprit, et n'ayant pas la chance d'en connaître, je m'étais forgé au cours des ans des outils de compréhension de la nature, de la société, de moi-même et des autres, capables de constituer un système cohérent de repères et de clés de nos rapports réels et virtuels. L'antisémitisme y avait pris sa place, marginale dans les affaires du monde, mais cependant suffisamment centrale pour ceux qui avaient eu à en pâtir. Pâtir veut dire souffrir, à tort ou à raison, de son fait ou de celui des autres, être impliqué qu'on le veuille ou non, être une personne ou appartenir à un groupe pris en otage afin de garantir un ordre indispensable à toute société. Un consensus semblait s'être établi entre les principaux États européens des peuples dits modernes et civilisés, pour décréter les « Juifs » perturbateurs de cet ordre, et s'imposer collectivement une cure d'antisémitisme, sans laquelle le salut de leur âme serait à jamais compromis. Je me mis donc, patiemment, en quête de ce peuple-race-souche insaisissable dont il fallait que je sois une partie suffisamment significative pour être à ce point dangereux. Un seul moyen me semblait approprié pour y parvenir : l'histoire. Je veux dire l'histoire globale, les faits et leurs récits dans l'échange permanent qu'entretient la réalité avec l'imaginaire inépuisable de l'animal pensant. Je constatai – je n'étais pas le seul – que si tous les groupes humains plus ou moins durablement constitués avaient vécu avec d'autres des conflits ou des alliances, les Juifs se voyaient attribuer, malgré leur nombre relativement restreint, un rôle singulier. Ils inspiraient envie ou crainte, et généralement les deux conjointement. Là encore, l'histoire, telle que je l'ai étudiée et décrite dans sa chronologie rigoureuse, me semblait pouvoir éclairer la question : les traces écrites de leur évolution étaient constamment données en exemple à tous les peuples qui ambitionnaient une aussi longue postérité que la leur.

Or, il y a à peine quelques années, voici cet antisémitisme déjà si mal-nommé qui ressurgit. Non pas comme un phénomène historiquement contextualisé, mais comme une catégorie de pensée abstraite, essentielle et éternelle. En aurons-nous donc jamais fini avec lui ?

Ce grand-père maternel, que j'ai connu jusqu'à l'âge de neuf ans, date à laquelle tous les enfants juifs belges furent chassés de leurs écoles, et deux ans avant sa déportation avec ma grand-mère par le dernier convoi parti de Malines vers Auschwitz –, ce grand-père était né, comme je l'ai dit, quasiment l'année même où apparaissait au centre de l'Europe de nouveaux partis politiques se proclamant antisémites et sollicitant ouvertement les suffrages pour que les citoyens juifs soient exclus de leurs pays respectifs, après avoir été placés, dans un premier temps, sous une législation spécifique. Tout cela ne remontait donc pas à des temps immémoriaux. Comme tous les partis politiques au sens moderne (libéraux, catholiques, socialistes, communistes, etc.), le recrutement de leurs membres, la sélection de leurs dirigeants et l'établissement de leur programme se firent progressivement, et leurs concurrents ou opposants s'organisèrent de même. Ce fut un mouvement politique novateur, dans la mesure où rien de comparable n'avait existé précédemment dans le cadre d'assemblées élues pour gérer la société. Tous les pays ne furent pas affectés de la même manière par cet antisémitisme ; la Belgique n'en fut quasiment pas atteinte.

Ce fut la Seconde Guerre mondiale qui l'y plongea. J'allais avoir douze ans quand elle s'acheva, et il me fallut bien des années avant que je me tourne vers cette histoire globale des pays dont la politique avait intégré d'une façon ou d'une autre le traitement spécifique d'une partie de leur population, longtemps définie par des critères religieux, graduellement élargis sur des bases subjectives à des propriétés dérivées sans aucun lien probant de cause à effet les rendant susceptibles d'une définition légale. L'antisémitisme s'y était ancré dans le discours politique général par des effets de langage qui relevaient essentiellement de la métaphore ou de la métonymie. Je compris que seules des circonstances exceptionnelles pouvaient y rendre sensibles des couches sociales particulièrement déstabilisées. Et à ces conditions, l'usage arbitraire de la force permettait d'en faire un argument supplémentaire de répression spécifique. Cette expérience historique semblait destiner l'antisémitisme à disparaître comme la chasse aux démons et aux sorcières, ou les pratiques magiques ou incantatoires.

C'était sans doute compter sans l'irrationalité profonde de la conscience humaine qui, les circonstances aidant, peut répéter quasi mimétiquement des comportements aberrants sous la seule assurance d'un écho dont on espère la diversion sur d'autres hommes des injustices dont on se croit soi-même l'objet. Le phénomène ne devient inquiétant et dangereux que s'il est mal abordé ou, pire encore, combattu par des moyens inappropriés. Or c'est bien ce à quoi nous assistons ces dernières années, de façon massive, et dans un singulier renversement de perspective par rapport à cet « antisémitisme historique », le seul qui existe à mes yeux, récent et parfaitement documenté pour qui veut en prendre sérieusement connaissance. Le reste relève du fantasme, et d'ailleurs, curieusement, de toutes les projections fantasmatiques générées à l'époque par les antisémites eux-mêmes et que l'on prétend aujourd'hui combattre. Ce sont eux qui, comme tous les acteurs des conflits sociaux, se sont empressés de se légitimer par l'autorité du passé et de se projeter dans l'avenir en puisant à leur profit dans les mythes fondateurs des collectivités à convertir à leur cause. Dans son ensemble, l'humanité est encore affectée, hélas, d'un vice rédhibitoire de la pensée : la croire autonome, croire en sa généalogie propre, indépendamment de cette basse matérialité qui n'en serait que le contexte purement circonstanciel. Dans le cas qui nous occupe, ce n'est pas la croyance religieuse [des Juifs ou de tous les autres hommes] qui s'est transformée en antisémitisme politique, mais l'antisémitisme politique qui, dans les conflits sociaux inédits du moment, s'est construit, en partie sciemment, en partie inconsciemment, une filiation fictive qui le sert. Et entre le monde qui a vu naître l'antisémitisme politique dans la période 1879-1894 que je me propose de relire plus précisément et la situation actuelle, un siècle et demi plus tard, tant de choses ont fondamentalement changé, qu'il faut être encore plus naïf et crédule pour croire que l'on pourrait mettre sous le même mot quoi que ce soit de semblable. L'Europe n'est plus du tout le centre du monde et la même petite terre abrite aujourd'hui sept fois plus d'habitants.

Quelle mouche a donc piqué, il y a une ou deux décennies, des institutions privées puis publiques à placer au centre de leur activité, comme un impératif moral de substitution à la perte d'influence manifeste des grandes religions, la lutte contre l'antisémitisme, arbitrairement redéfini comme distinct de l'ancien et cependant intrinsèquement lié à ce dernier ? Alors que les « grands » antisémites du passé revendiquaient fièrement le caractère salutaire de leur action et de leur influence sur les dirigeants séculiers de ce monde, les nouveaux anti-antisémites[1] *s'érigent en prêtres d'un nouveau culte : la conservation de la mémoire sacrée de l'Holocauste. Tel est en effet le nom de l'organisation qui en 2016 lance une campagne internationale en vue de faire ratifier son vocabulaire par des États pour leur permettre de sanctionner des paroles et des actes visant des « Juifs ». Que l'*Alliance internationale pour la mémoire de l'Holocauste (*en anglais* IHRA) *se soit constituée sous l'invocation orientée d'un terme biblique surimposé au crime de destruction des Juifs européens en dit déjà assez long sur l'usage équivoque du lexique en cette matière particulièrement chargée d'histoire. Qu'il y ait un lien direct entre le premier antisémitisme et la naissance d'un mouvement politique nationaliste juif qui s'est intitulé sionisme ne fait pas de doute, mais tous les événements ultérieurs sont autant de facteurs totalement aléatoires qui infléchiront nécessairement le vocabulaire utilisé pour les décrire et les définir. Personne ne m'imposera cette stupidité de devoir considérer l'assassinat de cinq de mes proches comme un sacrifice fait à Dieu ; à quel Dieu*[2]*, par quels prêtres, pour quels croyants ? Les nouveaux théologiens de la politique ne pouvaient rien imaginer de pire que ces quelques mots dénués de sens :*

---

[1] Dès que l'antisémitisme se formule, les personnes ou groupes visés se sont eux-mêmes organisés en intitulant leur auto-défense « Anti-anti ».

[2] Que certains Juifs se posent la même question ne rend pas leur démarche plus sensée à mes yeux.

« L'antisémitisme est une certaine perception des Juifs qui peut se manifester par une haine à l'égard des Juifs. » Comment résumer mieux une régression de la pensée de quelques siècles ? Dans ce processus opaque de dénomination, l'auteur de ces lignes nous est présenté comme un « spécialiste de la haine ».

Comme nous le verrons en revenant à nos seules sources de savoir, l'histoire et notre capacité rationnelle de l'interpréter de façon logique et cohérente, l'antisémitisme ne fut pas une « certaine perception » ni une « haine », notions éminemment subjectives ou passionnelles, mais une revendication politique d'exclusion d'une partie arbitrairement désignée de la population autochtone, par ces assemblées législatives dont on souhaite aujourd'hui que, pour se donner bonne conscience, elles adoptent une définition vague, dont on ne sait ni à quoi elle engage ni à qui elle donne des droits et à qui elle impose des devoirs. Aucun parlementaire n'est élu pour établir le Littré, le Larousse ou le Robert. Quel travail n'accomplirent pas nos Encyclopédistes à côté de ces bousilleurs ? Revenons donc à l'histoire, et nous verrons ensuite, en postface à cet examen, s'il n'existe pas de conditions générales qui s'imposent au préalable à la pensée, pour que celle-ci ait un sens commun et une portée universelle. Pour qu'une définition de l'antisémitisme ait véritablement un sens.

1. Introduction

« Mais, quand les difficultés qui environnent toutes ces questions laisseraient quelque lieu de disputer sur cette différence de l'homme et de l'animal, il y a une autre qualité très spécifique qui les distingue, et sur laquelle il ne peut y avoir de contestation, c'est la faculté de se perfectionner, faculté qui, à l'aide des circonstances, développe successivement toutes les autres ; et réside parmi nous, tant dans l'espèce que dans l'individu ; au lieu qu'un animal est, au bout de quelques mois, ce qu'il sera toute sa vie, et son espèce, au bout de mille ans, ce qu'elle était la première année de ces mille ans. Pourquoi l'homme seul est-il sujet à devenir imbécile ? N'est-ce point qu'il retourne ainsi dans son état primitif, et que, tandis que la bête, qui n'a rien acquis et qui n'a rien non plus à perdre, reste toujours avec son instinct, l'homme reperdant par la vieillesse ou d'autres accidents, ce que sa perfectibilité *lui avait fait acquérir, retombe ainsi plus bas que la bête même ? »*

Jean-Jacques Rousseau, *Discours sur l'origine et les fondements de l'inégalité parmi les hommes,* Genève, 1782, tome premier, page 74.

Dans quelque domaine que ce soit, il ne viendrait aujourd'hui à l'esprit de personne de fonder son savoir, ses connaissances, sur autre chose que sur son expérience pratique, et sur celle de l'humanité, accumulée depuis des siècles sous toutes les formes de perception consciente. Certes, cette expérience globale est trop vaste et trop diverse, trop contradictoire aussi, pour nous être d'un seul coup totalement accessible ; aussi s'est-elle déposée de manière synthétique dans des croyances d'abord, et ensuite dans des disciplines théoriques qui ont chacune leur champ spécifique. Et à mesure que notre savoir s'étend, de nouvelles synthèses pluridisciplinaires s'avèrent indispensables, dont dépend en fin de compte notre capacité de compréhension et donc aussi d'intervention dans le déroulement des événements, à commencer par ceux qui nous affectent directement dans la volonté ou la capacité de vivre qui nous ont été naturellement données à la naissance.

Ces évidences ont pourtant bien du mal à s'imposer dans toutes les pratiques qui nous impliquent directement, car si leur nécessité est la condition même de leur efficacité – technique – dans tous les savoirs extérieurs à nos passions et intérêts immédiats, il est loin d'en paraître de même, dès que la nature s'humanise, c'est-à-dire dès que nous passons du statut d'êtres « naturels », mus par des instincts innés, à celui d'êtres « sociaux », c'est-à-dire partiellement autoorganisés, autrement dit : d'êtres historiques conscients, en rupture au moins partielle avec l'aveugle évolution qui nous précède – et qui pourrait bien se poursuivre un jour sans nous, l'espèce humaine.

Qu'un être dont la pensée est le fruit involontaire d'un aveugle destin soit quasi incapable d'accéder d'emblée à l'image d'un monde qui ne serait pas, comme lui, à la recherche d'un sens qui l'oriente, fût-ce intuitivement, et qui lui livre la finalité à laquelle il aspire, voilà quel dut être longtemps le sort de l'humanité, l'angoisse primitive, la culpabilité originelle dont il fallait à tout prix se délivrer. Même aujourd'hui, nous ne mesurons absolument pas, n'ayant d'autre étalon de mesure que nous-mêmes, combien récente, en ce point minuscule de l'univers, est l'idée même d'évolution naturelle des choses, ce processus aveugle engendrant la connaissance possible de soi, comme le soleil en se consumant, engendre la lumière sans laquelle nous n'existerions pas.

Je m'étonne donc – sans m'étonner vraiment – de l'énorme difficulté qu'éprouvent les humains, mes semblables, à se connaître, ce qui supposerait au préalable, qu'ils commencent par s'accepter modestement pour ce qu'ils sont, non le produit miraculeux de dieux sortis de leurs rêves et de leur imagination, mais d'accidents aussi innombrables, terrifiants et merveilleux, que les étoiles filantes, les volcans, les dinosaures, les sages (très rares) et les fous (innombrables). Ah, s'ils étaient déjà capables de distinguer les choses existantes de leurs propres fictions consolatrices, de leurs fantasmes et chimères, peut-être pourrait-on commencer à parler d'un progrès, si minime soit-il, de notre savoir.

Il me faudra donc, pour tenter de me faire comprendre, au moins de quelques-uns, dont certains se disent même mes amis, prendre des points de repère dans un temps et un lieu pas trop éloigné, et mesurer à partir d'eux ce qui pourrait nous rapprocher ou ce qui nous éloigne irrémédiablement. Je ne les choisirai pas au hasard, ces repères ; et je tiens, pour être aussi bien compris que possible, à m'en expliquer. Je ne connais d'autre clé de compréhension de nous-mêmes que l'Histoire, abordée dans l'esprit de l'enquête scientifique, même si je sais que la part de rationalité dévolue aux humains est encore loin de l'emporter sur leurs réflexes irréfléchis d'auto-défense. Les années 1879-1894 : telle sera arbitrairement la coupure du temps qui me servira de miroir rétrospectif, quarante ans avant ma propre venue au monde. Mon grand-père maternel, le seul qu'il m'ait été donné de connaître, venait à peine de naître et vivait sa judéité à l'est des événements que je vais évoquer. J'appelle, faute de mieux, « judéité », l'expérience de cet adolescent dans une communauté juive villageoise, dans une Lituanie encore incluse dans le vaste empire russe. Expérience empreinte de judaïsme, c'est-à-dire de foi religieuse traditionnelle et de l'espérance d'un messie à venir dont les traits demeuraient insondables. La rumeur qui se répand rapidement lui a déjà donné quelquefois l'apparence d'étranges figures, dont on ne sait plus si elles sont de ce monde ou d'un autre. Prophètes et faux-prophètes ont toujours été si difficiles à distinguer. Mais un autre spectre hante alors déjà l'Europe depuis quelques années, celui du socialisme et du communisme.

Jusqu'à présent les hommes, sous quelque nom qu'on les désigne, mettent au monde des petits d'hommes qui leur ressemblent, issus de la « nature naturante », comme l'avait appelée Spinoza, deux siècles auparavant, au moment où certains de ses interlocuteurs auraient préféré connaître son avis de Juif banni de la synagogue sur l'un de ces prophètes issus de l'Orient mystique et dont on parlait alors beaucoup : Sabbatai Tsévi.

Pourquoi vous rappeler tout cela ? Mais parce que, curieusement, entre 1879 et 1894, un siècle après la grande Révolution française, ces deux spectres – le spectre juif et le spectre rouge – se rencontrent, se saluent, se regardent étonnés, s'interrogent l'un l'autre, comme s'ils étaient véritablement de ce monde, devant un public sommé de s'exprimer sur l'événement au nom d'un droit nouveau à la parole, qui lui a été longtemps dénié mais qui serait enfin à sa portée dans une démocratie parlementaire en gestation. Le spectre juif, longtemps nommé Ahasverus, l'éternel errant, la victime expiatoire, le bouc émissaire, jouit incontestablement du droit d'aînesse sur son jeune successeur socialo-communiste promu par ses soi-disant « prophètes » Marx et Engels. Il ne fallait désormais pas moins de deux « prophètes », un Juif et un chrétien, pour annoncer un messie plus profane (séculier ou politique) que divin : le Prolétaire ! Le nouveau rédempteur de l'humanité, parce que le plus démuni. L'image du spectre communiste – un revenant – n'était peut-être pas des plus heureuses, mais qu'y faire ? Marx et Engels vivaient tous deux dans des sociétés encore tellement imprégnées d'affabulations religieuses qu'ils ne mesurèrent sans doute pas la réception de leurs paroles, de cette Nouvelle Alliance qu'ils annonçaient dans leur Manifeste communiste (1848), celle du peuple laborieux avec ses penseurs éclairés. Comme celles de Moïse, leurs Tables de la Loi se brisèrent en d'innombrables fragments. Il est vrai que toutes les Églises avaient voué d'emblée les annonciateurs d'un monde nouveau à la damnation éternelle sous les noms de libres penseurs, francs-maçons, libéraux, socialistes, communistes (ces derniers étant les pires : songez-donc, la terre de Dieu remise en commun à tous les hommes !)

Comment dresser à présent un bilan de ce qui nous est advenu, sans un point de départ qui, s'il n'est pas significatif à lui seul, s'éclaire par son insertion entre cette césure politique de la Révolution française et la menace bien perceptible d'un conflit européen – il se révélera mondial – sans commune mesure avec les guerres napoléoniennes, la guerre franco-prussienne de 1870 ou tous les autres conflits locaux depuis 1815. La Première Guerre mondiale, bientôt suivie de la Seconde formeront la catastrophe majeure de l'histoire humaine, surtout si l'on y inclut leurs conséquences – dont nous sommes loin d'être sortis. J'aimerais que tout lecteur aborde mon livre, aussi limité soit-il, avec la conscience que les protagonistes d'avant 1894 que je vais évoquer ne pouvaient même pas imaginer le recul et la débâcle de l'intelligence – l'imbécilité – qui frapperaient le continent vingt ans après. Entre 1914 et 1945, dans une proportion inverse aux connaissances physiques de la nature, y compris les connaissances psychologiques de l'animal humain « naturel », le savoir théorique et pratique de l'animal social humain a considérablement régressé, et donc ses possibilités d'organisation raisonnable d'une vie commune maîtrisée de l'espèce. Nous parlons volontiers des hommes des Lumières que sont encore, avec toute leur confiante naïveté, les protagonistes de 1894, en opposition auxquels les prétendus maîtres à penser d'aujourd'hui me semblent sortir des Ténèbres les plus profondes, avec leurs hululements de chouettes médiatiques programmées. Et je préfère ne mettre en scène que quelques personnages plus lointains, dans un contexte précis et limité, que brasser des opinions confuses autour du Bien ou du Mal, si chères à nos moralistes de l'Immaculée Conception.

Au commencement, était ce qui était – le saurons-nous jamais – et certainement pas le Verbe, qui n'apparut que bien plus tard, hésitant, entre ces animaux curieux que nous n'avons cessé d'être, prenant petit à petit possession de cet outil particulier que manie la langue et non la main ou toute autre partie du corps ; que ne manie d'ailleurs aucune partie du corps, mais le corps tout entier dans son rapport à d'autres corps, lancés tous, inexorablement, dans l'espace et le temps. Et cet outil que, dans sa globalité, nous nommons esprit, nous le verrons à l'œuvre chez quelques hommes de 1894, simplement pour nous permettre de mesurer l'espace-temps parcouru, qui, comme nous le savons désormais, est en expansion permanente. Avons-nous laissé passer le point béni – existe-t-il ? – où se recoupent la tragédie humaine (aveugle prédestination) et l'optimisme de l'attente messianique (pour autant qu'elle intervienne avant la fin des temps) ?

Au centre de mon livre il n'y a qu'un misérable mais réel objet : une brochure de 40 pages sur un papier jauni, dont le texte est aujourd'hui partiellement disponible sur la toile. L'aspect de la chose nous en apprend parfois autant que le contenu. Elle a pour titre : *Sozialdemokratie und Antisemitismus, Rede von August Bebel auf dem sozialdemokratischen Parteitage in Berlin. Mit zwei Nachträge.* « Social-démocratie et antisémitisme, Discours d'August Bebel aux journées du parti à Berlin. Avec deux suppléments ». Une courte enquête nous montrera que les apparences sont souvent trompeuses : en réalité, la brochure ne sort, complète, qu'en 1906 sur les presses de *Vorwärts* (En avant !), propriété de Paul Singer, l'homme qui partage avec August Bebel la présidence du parti social-démocrate allemand. Personnalités de premier plan au sein de ce qui est alors le premier parti socialiste européen, dans une organisation internationale encore unitaire, et en étroite relation avec ses homologues étrangers. Le discours de Bebel, au surplus, n'a jamais été prononcé à Berlin et sa version écrite soigneusement révisée est une contribution très personnelle à la propagande électorale d'un parti qui a bien d'autres chats à fouetter. Mais de la petite histoire à la grande, l'écart n'est pas énorme.

On peut dire, sans en exagérer l'importance, que cette brochure légendaire – nous verrons quelle fable s'y rattache – nous fournit pourtant, rétrospectivement, un jalon historique sans lequel la rencontre aléatoire et circonstancielle de deux problématiques distinctes n'aurait sans doute pas marqué les consciences de la même manière. Les hommes se croisent réellement en un temps et en un lieu ; les spectres qui hantent leurs esprits ne connaissent pas le temps des vivants, dont les cerveaux embrumés abritent les sépultures provisoires. Le premier mot du titre, « antisémitisme » est un néologisme alors très récent qui, déconnecté de son contexte historique très particulier, va connaître une surprenante longévité polémique qui ne semble pas prête de s'achever. Il me faudra donc bien cerner le sens que ce barbarisme pouvait avoir, en 1893, pour Bebel et ses contemporains. « Antisémitisme » est une déclaration de guerre politique aux Juifs allemands présents dans le IIe Reich de 1871, construction étatique équivoque encore en pleine évolution. Comme on le voit, le texte invoqué, même situé dans le temps et l'espace, débouche déjà sur une problématique des plus vastes. Cette jeune Allemagne, qui s'était d'ailleurs rêvée plus étendue, incluant tous les Germains du Sud, est à l'époque le plus grand bouleversement de l'équilibre européen, après que la France eut inauguré sur le continent le modèle d'une souveraineté conventionnelle repensée, dont le peuple, par la voix de ses représentants, assurerait la légitimité. Rupture radicale avec l'Ancien Régime, que le Reich allemand est loin d'entériner, puisque la souveraineté y revient dès sa création à un empereur, par ailleurs roi de Prusse, qui nomme et révoque seul son chancelier – Premier ministre – sans intervention de l'assemblée (Reichstag). Où résidera dès lors ce contrôle populaire qui revient, dit-on, à ce « peuple allemand » idéal, jusqu'ici réparti en vingt-cinq États, souvent rivaux, souvent même en guerre les uns contre les autres ? Bien que l'on en néglige souvent l'importance, on conçoit aisément – avec le recul dont nous disposons – que le statut de citoyen d'emblée accordé aux Juifs par la France de 1791, s'il est formellement accepté dans le Reich, peut apparaître à beaucoup – positivement ou négativement – comme une pure importation[3]. Les intéressés eux-mêmes sont divisés sur ses avantages ou ses inconvénients. Qu'ont-ils à y gagner ou à y perdre ? En quoi cela sert-il leurs intérêts ? C'est dans ce vaste débat, ouvert déjà dans la Confédération germanique (1815-1871), que s'insère l'antisémitisme, novation du IIe Reich, auquel Bebel, député de son Reichstag, est confronté. La curiosité du nouvel État allemand réside dans le fait que sa souveraineté populaire ne s'y élabore que progressivement à mesure de sa démocratisation, laquelle est encore loin d'être acquise en 1893. La social-démocratie de Bebel y inquiète d'autant plus qu'elle croît avec l'élargissement du suffrage universel et de sa représentativité. L'antisémitisme politique – Bebel en comprend bien les conséquences pratiques – remettant en cause l'égalité civile et politique de tous les citoyens, quelle que soit leur religion, rétablit aussitôt des clivages d'Ancien Régime, en s'appuyant sur l'idée d'un « peuple » juif naturellement distinct du peuple allemand. Et cette idée, il faut bien le dire, appartient aussi aux fictions et fixations identitaires des communautés religieuses juives, divisées sur les concessions à faire à la légalité formelle du jeune IIe Reich. Allemands juifs et Juifs allemands ne sont pas forcément synonymes. De 1894 à 1933, soit durant quarante ans, en deux

---

[3] Le poids du statut historique des Juifs, minorité religieuse dans des États chrétiens, est lourd et ses traces sont encore présentes. Soumis à l'autorité personnelle des souverains, ils deviendront ces « Juifs de cour », ensuite ces citoyens par la grâce de l'État (royauté ou république), dont dérive le terme utilisé jusqu'à la Seconde Guerre mondiale de « *Staatsbürger* », citoyens d'*État*, terme jamais appliqué aux Allemands supposés « de souche ».

générations, c'est la résistance démocratique, toutes forces politiques confondues, à la séparation des Juifs allemands de la nation allemande, empire et ensuite république, qui va s'effondrer, inscrivant en fin de compte, dans un arbitraire total, les revendications antisémites, inquiétantes mais largement minoritaires, dans la constitution d'un nouveau Reich, cette fois le IIIe ! Nous ne traiterons ici que d'un tout petit épisode de cette évolution. Isoler l'antisémitisme comme un phénomène unique, spécifique, a fortiori intemporel et éternel, participe du crime qui en est résulté.

2. Au-delà de la fable

Avant de raconter la véritable rencontre du mouvement socialiste organisé avec un phénomène nouveau auquel s'est attaché d'emblée un nom bizarre, l'antisémitisme, aujourd'hui familier bien que totalement incompris, il est peut-être bon que j'en rappelle la trace principale qui, sous la forme d'une fable, d'un apparent bon mot, est parvenue jusqu'à nous.

« Le socialisme naissant vit dans la bourgeoisie juive une alliée du capitalisme (Karl Marx, *À propos de la Question juive*, 1843), mais il combattit constamment l'antisémitisme considéré comme 'l'idéologie de la classe dominante' et comme 'le socialisme des imbéciles' (August Bebel) ». Ainsi s'exprime par exemple, une importante encyclopédie juive[4], à l'article *antisémitisme.* Ce résumé succinct qui circule depuis lors, de copier-coller en copier-coller, garde des événements que l'on ne se donne plus la peine d'essayer de comprendre quelques associations superficielles : les noms de Bebel et de Marx, références incontournables du communisme et du socialisme, et, sommairement, d'une critique socialiste de l'antisémitisme, « idéologie de la classe dominante », une erreur comme nous le verrons, nous est présenté comme le résultat d'une pensée « imbécile », c'est-à-dire dénuée d'intelligence. Or, à l'époque déjà, August Bebel avait clairement rejeté, avec l'attribution qui lui en était faite, ce commentaire sommaire et inapproprié. L'écrivain autrichien Hermann Bahr (1863-1934), lors de la préparation de son livre *L'antisémitisme, une interview internationale*[5], s'était vu répondre par Bebel : « On a dit

---

[4] *Lexikon des Judentums*, 1971, Gütersloh, Berlin, Munich, Vienne, 1971, p. 44.

[5] Hermann Bahr, *Der Antisemitismus. Ein internationales Interview*, 1894, Berlin, S. Fischer, p. 21. L'attribution à Kronawetter a été

un jour chez vous [en Autriche, J. A.], je pense que ce fut Kronawetter [Ferdinand Kronawetter, 1838-1913, politicien libéral, J. A.] : 'L'antisémitisme est le socialisme de l'imbécile'. Jolie formule, mais qui ne correspond quand même pas à la chose. Les véritables porteurs de l'antisémitisme, les petits artisans et les petits propriétaires terriens, n'ont de leur point de vue pas entièrement tort. Le capital leur apparaît d'abord sous la forme du Juif. En Hesse et dans d'autres parties de l'Allemagne du Sud-Ouest dont je connais bien la situation – les hypothèques se trouvent entre les mains des Juifs, et les acheteurs des produits agricoles sont, sur tous les marchés, des Juifs. C'est ainsi que tous les effets pervers du capitalisme apparaissent toujours à ces gens sous la forme de Juifs, et il est donc bien naturel que ces couches qui ne se cassent pas beaucoup la tête sur le système capitaliste et ne s'en tiennent qu'aux apparences cèdent à l'antisémitisme. » Bien que sommaire, cette réponse éclaire déjà une question théorique de fond : petits artisans et petits propriétaires ne constituent pas aux yeux du marxiste Bebel les producteurs de l'idéologie dominante !

Mon propos n'est évidemment pas d'ergoter sur des détails de l'histoire qui n'auraient plus, aujourd'hui, qu'un intérêt très relatif, mais de comprendre pourquoi un mouvement politique, le socialisme, issu des contradictions nouvelles du système de production industrielle capitaliste, a perçu d'une certaine façon l'obstacle que mettait à ses objectifs un autre courant politique récent – vieux d'à peine une décennie environ : l'antisémitisme. Les équivoques de cette confrontation circonstancielle nous apparaîtront alors en pleine lumière, avec les conséquences dommageables qui en découlent encore, dans un débat qui se situe aujourd'hui entre deux slogans polémiques abstraits :

---

récemment confirmée par des chercheurs ; elle émane d'un discours prononcé en 1889. www.falschzitate.blogspot.com/2017/12/d

antisémitisme « de » gauche ou antisémitisme « à » gauche. Autres qualifications qui, hors contexte, sont tout autant dénuées de sens.

Dans la perspective à la fois théorique et pratique qui est la mienne – et à laquelle je n'entends pas déroger un seul instant, car elle est conforme aux faits, à savoir : à la chronologie rigoureuse des événements – le socialisme précède l'antisémitisme, alors que l'omniprésence de ce dernier sur le plan médiatique depuis le judéocide a tendance à en inverser la succession. À en croire nombre de penseurs idéalistes (au sens philosophique), la condition des Juifs européens (supposés gardiens intemporels d'une tradition mosaïque à la base d'une « civilisation » chrétienne) menacés d'élimination physique durant la Seconde Guerre mondiale serait l'échelle de mesure absolue de l'Histoire humaine. En réalité, il n'en est rien ; l'accepter serait se placer précisément dans l'hypothèse antisémite, que l'organisation capitaliste de la production est « juive », qu'elle est le résultat de l'action d'une infime minorité d'hommes et de femmes, totalement marginaux au sein des structures étatiques, qui favorisent la concentration des richesses et l'éclosion d'une division du travail de masse avec des énergies artificielles nouvellement exploitées. Pour ces illusionnistes de l'histoire qui croient que leurs fantasmes créent la réalité, le spectre du Juif antique aurait, Dieu seul sait comment, engendré un processus global qui commence avec le pillage des richesses du Nouveau Monde et le refoulement de l'ordre social ancien de la propriété foncière et de la puissance féodale. Je rappellerai donc brièvement que l'antisémitisme politique – il n'y en a pas d'autre ! – né et nommé vers 1880 dans différents pays européens – s'inscrit dans une pratique nouvelle de représentation des intérêts civils et économiques au sein d'assemblées législatives, de parlements conçus pour arrêter les nouvelles règles de la vie sociale. Cette rupture progressive avec des autorités de plus en plus largement contestées constitue une véritable innovation, regroupant les forces politiques en conservateurs et progressistes, à tel point que l'éventail physique des assemblées ainsi constituées se décline de gauche à droite comme une nouvelle écriture du discours social. Durant un siècle et demi, et cette évolution est loin d'être achevée à l'échelle mondiale, cette nouvelle distribution du pouvoir s'est incarnée dans la conquête du suffrage universel, des hommes puis des femmes, avec un abaissement constant de la tutelle exercée par les anciens privilégiés – mais sans doute avec un renforcement des nouveaux. Ces assemblées constituées au sein d'espaces étatiques entrent nécessairement en conflit avec toutes les autorités préexistantes, que l'on nommera théologico-politiques, dans la mesure où la tradition les pare d'une légitimité extra-humaine, dont les représentants de Dieu sur terre se portent garants. S'il est, dans ce contexte, une spécificité à la condition juive, c'est de n'être pas officiellement ancrée dans l'espace national, d'y être en quelque sorte « politiquement » extérieure, à la fois transnationale et, par ses références théologiques, hors du nouveau champ politique ainsi circonscrit. Cette « anomalie » qui la désigne devint simultanément objet de revendications et de contestations, internes et externes, qui se superposent aux luttes de pouvoir dans l'espace national. La rencontre entre le socialisme, tentative de regroupement des intérêts des nouveaux producteurs du travail socialisé, et la réaction « antisémite », l'antisémitisme, portera la marque de cette singularité, d'autant plus bigarrée et difficile à définir, que l'expression traditionnelle de l'anormalité juive n'est pas politique mais religieuse, et que ses représentants sont dispersés, sans autorité centrale comme la religion officiellement reconnue sur certains territoires nationaux, celle-ci eût-elle même éclaté en sectes divergentes. Toutes les autorités religieuses – les juives y comprises – se retrouvent hors du champ politique, n'ayant que le choix de s'en emparer si elles en ont la capacité, de se transformer ou de se marginaliser en se repliant sur quelques bastions, noyaux de résistance à contre-courant de l'évolution générale.

Si l'on sort de la légende trop naïve d'un « socialisme des imbéciles » pour considérer vraiment la problématique de l'époque et voir comment la politique des organisations ouvrières a tenté d'affronter ses nouveaux rivaux électoraux du jour, on prendra enfin connaissance de ses difficultés objectives à appréhender un objet qui apparaît vite comme insaisissable et s'installe durablement dans une confusion persistante. Pour la simple raison que cette confusion demeure la condition de survie d'institutions et de couches sociales relativement autonomes au sein de l'espace politique global. Sans porter prématurément de jugement sur les erreurs ou les insuffisances théoriques de l'analyse socialiste, admirablement synthétisée par un dirigeant exceptionnel comme August Bebel, il faut en prendre complètement connaissance. Et l'un de mes sujets d'étonnement, et non des moindres, est l'ignorance, voire le refoulement, d'un texte capital, le seul à ma connaissance à émaner, à un moment crucial, de l'un de ses représentants les plus qualifiés, et de la plus grande social-démocratie du vieux et du nouveau continent. Comment l'expliquer ? Sans doute, par une accélération brutale et inattendue du cours de l'histoire, par un bouleversement imprévisible qui condamnait provisoirement cette analyse à disparaître ou à une éventuelle reprise ultérieure, quand d'autres situations de crise plus urgentes auraient été surmontées. Le temps de l'intelligence est toujours compté, car l'urgence est mauvaise conseillère ; le temps du sauve-qui-peut est lourd de dangers, dont celui de l'autodestruction, du suicide ou de l'assassinat, tentations souterraines déjà décelables dans les périodes de paix et d'accalmies.

J'ai dit plus haut que le socialisme précéda l'antisémitisme. Une autre conséquence de la pression purement médiatique actuelle du discours intéressé élargissant l'antisémitisme à un phénomène non pas politique mais quasi métaphysique, essentialiste, permanent, est l'occultation persistante de ce que l'époque moderne représenta dans les faits : le retour à la vie du spectre juif. De refoulées ou moribondes, de petites communautés de Juifs retrouvèrent, avec plus ou moins d'ampleur et de succès, une activité et des possibilités d'existence dans le desserrement des liens de pouvoir traditionnels, alors qu'à l'inverse, la répression s'abattit immédiatement et durement sur les acteurs du nouvel ordre économique, exploités, rejetés et exclus de ses bénéfices. Depuis 1848, une vaste réaction s'est affirmée contre la démocratisation amorcée avec la Révolution française, et son influence a été combattue avec tous les moyens possibles dans les nouveaux espaces nationaux qui s'ouvrent à l'industrialisation. Quand l'Allemagne s'unifie en 1871, le nouveau pouvoir qui s'y met en place jette en prison, non pas des Juifs, même si l'opinion les désigne parfois comme responsables de la première crise économique du nouveau Reich (1873), mais l'ennemi intérieur, le « spectre rouge[6] », et les lois antisocialistes resteront en vigueur pendant douze ans, de 1878 à 1890. Quand ils se trouvent confrontés à des partis antisémites, ce sont les dirigeants socialistes qui sortent de prison et pas les Juifs. On peut dire que Bebel y a fait ses classes, en autodidacte, avec une curiosité qui suscite l'admiration. Ses objectifs politiques prioritaires sont cependant très éloignés d'une pseudo question juive qu'il ne découvre que petit à petit et s'efforce de comprendre, dans la formation culturelle qui fut la sienne, celle

[6] Je reprends ici le titre d'un pamphlet du moment : *Das Rothe Gespenst des Social-Demokratismus in Deutschland, oder Die Vaterlandslosen. Thun und Treiben Bebel's und Genossen,* Pirna, 1871, Verlag des Literatur-Bureau (Le spectre rouge de la SD en Allemagne, ou Les apatrides. Les agissements de Bebel et de ses camarades). De tendance libérale de droite. Disponible sur Google Livres.

d'une société chrétienne où, pour tous, catholiques et protestants, les Juifs sont d'abord les descendants supposés des chrétiens des origines, avec toutes les légendes et les préjugés qui les entourent. La « question juive » dans l'Allemagne en voie d'unification fut d'abord, je le rappelle, dès 1840, la pierre de touche d'une question politique équivoque : y a-t-il une place pour les Juifs dans un futur État unifié, arbitrairement pensé comme « germano-chrétien » ? Si la France, surtout après la révocation de l'Édit de Nantes (1685) et la répression brutale du protestantisme, se pense encore parfois comme la fille aînée de l'Église, l'Allemagne doit encore surmonter les divisions de la Réforme pour faire son unité. Du moins le croit-elle fermement. Et voici que dix ans après son unification forcée sous la tutelle prussienne, l'antisémitisme politique vient prendre clairement le relais de vieilles querelles religieuses, au nom cette fois de l'intérêt national : deux « races » fondamentalement différentes, concurrentes, aux intérêts inconciliables, ne sauraient y coexister sans tensions insurmontables. Race désigne alors une filiation naturelle, un synonyme de « peuple », dont on ne réclamera que plus tard la caution « scientifique » d'une biologie encore dans les limbes. La théologie politique que l'orthodoxie juive continue à revendiquer serait la marque religieuse d'ambitions politiques séparatistes en gestation, dont des organisations internationales plus profanes auraient déjà pris le relais. Effectivement, en 1878, tandis que Bismarck s'efforce d'étouffer la poussée socialiste, il se fait, pour asseoir son statut international, l'avocat de l'Alliance israélite universelle dans la défense de l'égalité civile des Juifs dans les États qui ne la reconnaissent pas encore officiellement. Je n'évoque brièvement ces quelques faits que pour cadrer cette future rencontre au sein du mouvement socialiste entre ses objectifs et ceux de ces adversaires antisémites qu'il a du mal à cerner

3. À l'ordre du jour ?

Les élections de 1890 au Reichstag marquèrent un tournant dans l'évolution politique du jeune État allemand. Au début de l'année, Bismarck a manifestement échoué dans sa volonté de prolonger les lois antisocialistes qui, sur le terrain, n'ont pas empêché la progression constante du mouvement conduit par le SAP (*Sozialistische Arbeiterpartei*, parti socialiste des Travailleurs). Les élections de mars venaient d'en faire le premier parti du pays, doublant quasiment son score électoral. Le front des partis conservateurs s'était fissuré, décidant le nouvel empereur Guillaume II à des concessions ; quelques mois après les élections, Bismarck était congédié. Celui qui paraissait avoir fondé l'empire fut définitivement écarté, laissant un vide politique et la nostalgie d'un homme fort.

Depuis lors, succédant aux groupements qui l'avaient précédé, le parti prend le nom de SPD (*Sozialdemokratische Partei Deutschlands*) et il tient annuellement des Journées du parti, à l'automne, afin de faire rapport aux militants de son activité et de débattre des questions politiques les plus importantes du moment. La première rencontre de cette nouvelle formule se tient à Halle du 12 au 18 octobre 1890. L'organisation en incombe désormais à August Bebel et Paul Singer[7] qui assument la coprésidence conjointe du parti. La réunion de 1891 adopte le nouveau programme devenu célèbre sous le nom de la ville qui l'a accueillie : Programme d'Erfurt. Ce dernier unifie à la hâte et non sans mal,

---

[7] Paul Singer (1844-1911) fut élu député socialiste dès 1884. Membre de la communauté juive de Berlin, il fut l'objet de violentes attaques antisémites. Il mit sa fortune personnelle au service de la presse du parti. On comprend aisément pour quelles raisons le parti n'a pas confié à son autre vice-président, un Juif, sa condamnation de principe de l'antisémitisme.

des tendances difficilement conciliables : l'intransigeance révolutionnaire et le pragmatisme de terrain.

Le fait qu'un rapport sur l'antisémitisme, présenté par l'un des présidents, soit porté à l'ordre du jour de la rencontre de 1892 à Berlin montre que cette question devient préoccupante, au sein du parlement notamment, où Otto Böckel était entré dès 1887, mais en antisémite encore isolé. Troublant le jeu des clivages politiques plus traditionnels, ce courant hostile aux Juifs cherche manifestement à s'unifier. S'il pose également problème à la social-démocratie, on ne peut cependant manquer d'en relativiser l'importance parmi les priorités du parti. Dans l'ordre du jour, il n'occupe que la 10e place, précédé des points suivants :

1. Rapport d'activités de la direction du parti ;
2. Rapport des contrôleurs ;
3. Rapport sur l'activité parlementaire, rapporteur Paul Singer ;
4. Propositions d'organisation ;
5. La Fête du 1er mai 1893 ;
6. Socialisme d'État et social-démocratie révolutionnaire, rapporteur W. Liebknecht ;
7. Le Congrès international des Travailleurs à Zurich ;
8. L'activité coopérative, le boycott et les marques déposées ;
9. La crise économique et ses conséquences : la misère générale, rapporteur W. Liebknecht[8].

[8] *Protokoll über die Verhandlungen des Parteitages der Sozialdemokratischen Partei Deutschlands. Abgehalten zu Berlin vom 14. Bis 21. November 1892,* 1892, Berlin, Vorwärts, p. 248. (Procès verbal des Journées du Parti, tenues en 1892 à Berlin. Mis en ligne par la Fondation Ebert).

Au cinquième jour, et vu le retard pris par la discussion des points précédents, Bebel propose à l'assemblée de supprimer les deux derniers sujets à traiter. Il ajoute : « Dans les résolutions imprimées, l'opinion publique et vous, pourrez prendre connaissance de la position des rapporteurs en la matière. » La proposition de Bebel est acceptée à une large majorité. Les termes de la résolution sont les suivants :

Résolution sur l'antisémitisme et la social-démocratie

L'antisémitisme trouve sa source dans l'opposition de certaines couches bourgeoises qui se sentent opprimées par le développement capitaliste et sont, de ce fait, promises au déclin économique. En méconnaissance de ses causes réelles, elles n'engagent pas le combat contre le système capitaliste, mais contre un phénomène subséquent qui leur fait particulièrement concurrence, contre l'exploitation juive.

Ceci pousse l'antisémitisme à des revendications en contradiction aussi bien avec les lois du développement économique et politique de la société bourgeoise, qu'à des revendications hostiles au progrès, c'est-à-dire réactionnaires. D'où le soutien que l'antisémitisme trouve de préférence chez les Junkers (grands propriétaires fonciers) *et auprès du clergé.*

Le combat unilatéral de l'antisémitisme contre les exploiteurs juifs sera nécessairement infructueux, *parce que l'exploitation de l'homme par l'homme n'est pas spécifiquement juive, mais au contraire une forme d'appropriation propre à la société bourgeoise, et qui ne disparaîtra qu'avec son naufrage.*

Comme la social-démocratie est l'ennemi le plus résolu du capitalisme, que ses représentants soient juifs ou chrétiens, et comme elle a pour objectif d'éliminer la société bourgeoise et de la transformer en une société socialiste dans laquelle prendront fin toute domination et toute exploitation de l'homme par l'homme, elle mettra tout en œuvre pour ne pas se laisser détourner du combat contre l'ordre social existant par des phénomènes destinés à disparaître avec lui.

La social-démocratie combat l'antisémitisme en tant que mouvement hostile à l'évolution naturelle de la société, mouvement qui cependant et malgré son caractère réactionnaire agit finalement malgré lui de façon révolutionnaire. *En effet, ces couches petites-bourgeoises et petites-paysannes excitées par l'antisémitisme contre les capitalistes juifs doivent en arriver à la conclusion que ce n'est pas le capitaliste juif mais la classe capitaliste tout entière qui est leur ennemi, et que seul le socialisme les délivrera de leur misère sociale.*

Bebel y ajoute à titre personnel : Liebknecht et moi sommes entièrement d'accord avec le report de nos interventions mais, pour rencontrer le souhait d'un rapport plus détaillé, nous sommes décidés à tenir prochainement à Berlin des assemblées sur ces sujets et à faire imprimer nos discours, afin que tous puissent en prendre connaissance. (Applaudissements)[9].

Comme on peut le supposer, le parti social-démocrate, après ces journées qui se sont d'ailleurs tenues fort tardivement – elles avaient été retardées par la grave épidémie de choléra qui avait fait de nombreuses victimes, y compris dans ses rangs – est immédiatement sollicité par ses tâches quotidiennes et la question de l'antisémitisme se reporte tacitement d'un an. C'est l'actualité politique qui rendra plus nécessaire encore sa reprise lors des Journées de 1893. La révocation de Bismarck et la réorientation voulue par Guillaume II poussèrent le nouveau chancelier Leo von Caprivi à organiser de nouvelles élections qui eurent lieu de 6 mai. Pour le sujet qui nous occupe, elles eurent entre autres pour

---

[9] *Idem,* p. 293.

résultat une poussée des listes antisémites qui, pour la première fois – favorisées par le scrutin majoritaire : il fallait 2,5 fois plus d'électeurs pour un député socialiste que pour un député antisémite ! –, firent élire au Reichstag pas moins de 16 députés. Même si l'ensemble de leurs listes, très divisées et parfois hostiles les unes aux autres, ne totalisaient que (?) 3,4% des suffrages, cela indique clairement que le pays comptait au moins 3 antisémites militants pour chaque Juif recensé dans l'organisation officielle des cultes (1% de la population du Reich) ! En effet, et contrairement à l'exemple historique donné par l'émancipation politique française, ce n'est pas la nation qui prend en charge les cultes reconnus ni en assure le financement, mais les membres des différentes communautés religieuses à travers un impôt spécifique. Les conséquences politiques de ce système ont été rarement mises en évidence : les revenus et les moyens financiers des catholiques, protestants et Juifs, sont ainsi rendus officiels, ce qui ne pouvait manquer de renforcer d'autres ressentiments, quelle qu'en fût l'origine. C'est avec leurs moyens propres – en moyenne plus élevés que ceux des autres confessions – que les Juifs allemands commencèrent à rivaliser avec ces dernières en bâtissant de vastes synagogues en concurrence symbolique avec les églises ou les temples. Les élections confirmèrent par ailleurs que le SPD était bien devenu la première force politique du pays avec 23,3% des voix (+3,6%). Sa représentation, contrairement à celle des antisémites notamment, subissait aussi les effets négatifs du système électoral, puisque son principal concurrent, le *Zentrumpartei* (catholiques) obtenait plus du double de sièges avec moins de suffrages. Il n'est donc pas étonnant que le suffrage universel et la représentation proportionnelle aient été durant des années un objectif plus prioritaire pour les socialistes que le combat contre l'antisémitisme.

Voyons cependant comment ils l'abordèrent à nouveau.

Les Journées du parti de 1893 le portèrent au point 7 de leur ordre du jour, c'est-à-dire, en fait, comme dernier thème politique abordé, les points ultérieurs ne concernant que de pures questions d'organisation. Cette fois, heureusement, Bebel put y développer son argumentation détaillée et répondre à quelques interventions de délégués. Notons, car cela contribue peut-être à éclairer quelques particularités du moment, que Bebel venait d'être réélu dans deux circonscriptions : Hambourg et Strasbourg (annexée au Reich après la défaite française de 1870). Dans ce cas autorisé par la loi, le candidat était contraint de choisir son siège après les élections ; Bebel choisit Strasbourg. Comme à Hambourg, les Juifs y étaient relativement bien représentés. En 1895, y fut même entamée la construction d'une synagogue monumentale de 1600 places. Signe que la communauté juive y occupait encore une place notable, malgré le départ d'une partie de ses membres qui s'étaient réfugiés hors de l'Alsace – en Suisse ou dans le reste de la France – après la guerre franco-prussienne.

Mais pour bien comprendre le sens de l'intervention d'August Bebel, peut-être est-il utile de mieux connaître sa place dans l'histoire de la social-démocratie allemande, voire internationale, et sa formation intellectuelle, qui expliqueront sans doute en grande partie la touche personnelle de ses propos. Car Bebel n'a jamais craint d'affirmer sa doctrine et ses principes, contre ses adversaires évidemment, mais aussi vis-à-vis des socialistes de diverses tendances, ses alliés. Nous disposons de nombreux éléments pour bien évaluer sa position sur les différentes matières en débat : la religion, le statut social de la femme, la civilisation moderne, et donc aussi l'antisémitisme, même si ce dernier n'est apparu que plus récemment en politique, et par conséquent dans la réflexion du mouvement ouvrier, – nous disposons, dis-je, de repères très sûrs auxquels je vais d'abord me référer. Ils rendent hommage à l'homme aussi bien qu'à ses qualités de penseur et d'organisateur.

4. Bebel en 1893

Après de nombreux écrits qui doivent autant à son expérience personnelle qu'aux enseignements tirés de ses lectures abondantes, très éclectiques au début, plus orientées par la suite dans la foulée de ses maîtres à penser Marx et Engels, Bebel vient de faire réimprimer en 1891 son livre « La femme et le socialisme », aussitôt traduit en français sous le titre *La femme dans le passé, le présent et l'avenir*[10] et introduit dans cette seule édition par l'un des beaux-fils de Karl Marx, Paul Lafargue.

« Le parti socialiste allemand, qui forme l'avant-garde du parti socialiste international, a eu pour théoriciens deux hommes de génie, Marx et Engels, et pour organisateurs trois agitateurs incomparables, Lassalle, Liebknecht et Bebel », c'est ainsi que Lafargue plante d'emblée le décor dans lequel se jouent les luttes politiques du moment. Bebel lui-même, dans les préfaces successives qu'il donne à cette œuvre, publiée pour la première fois en 1879 – 14 années déjà ! – se dit très sensible au mouvement incessant des sociétés, et donc au contexte mouvant dans lequel il convient de l'interpréter. C'est pourquoi Lafargue, à son tour, ne manquera pas de retracer l'évolution de l'artisan Bebel – un habile maître-tourneur et petit entrepreneur de sa branche – vers le militant socialiste : « Mais Bebel était d'un esprit trop vigoureux et trop scientifique pour rester longtemps sous le charme de l'industrie artisanale ; en 1866 on le trouve enrôlé dans les sections de l'Internationale, que (Wilhelm) Liebknecht, rentré de l'exil, avait réussi à fonder en Allemagne ; et en 1868, au Congrès de Nuremberg, c'est sur la proposition de Bebel que l'on vota l'adoption des statuts de l'Internationale et celle du *Manifeste communiste* de Marx et Engels, comme base théorique du parti. Le

[10] August Bebel, *La femme...*, traduction française par Henri Ravé, Paris, 1891, Georges Carré. Mis en ligne sur le site Gallica.

Communisme avait conquis un de ses plus vaillants et plus intelligents champions.[11] »

Lafargue retrace ensuite un parcours qu'il serait trop long et inutile de reprendre ici. Dès que se fonde le Reich unifié sous domination prussienne, Bebel et ses compagnons sont harcelés par le nouveau pouvoir conservateur, traînés de procès en procès, interdits de séjour dans certaines provinces ou villes ; haute trahison, crime de lèse-majesté, tracasseries policières, emprisonnement, rien ne leur fut épargné. Ce n'est qu'à l'abrogation, en 1890, des lois antisocialistes, que leur situation s'éclaircit enfin. Ce que Bebel était parvenu à écrire et à faire publier entretemps est impressionnant par l'ouverture d'esprit dont il témoigne. Lafargue poursuit : « Bebel a publié : *Notre but ; La guerre des paysans en Allemagne, suivie de considérations sur les principaux mouvements sociaux du Moyen Âge ; L'action parlementaire du Reichstag allemand et des Chambres des États ; Christianisme et Socialisme ; La Femme dans le passé, le présent et l'avenir ; la civilisation arabo-musulmane en Orient et en Espagne.* Tous ses écrits ont eu un grand succès...[12] »

La liste est loin d'être exhaustive. Apprenant parfaitement le français, Bebel s'est intéressé à l'histoire de France entre le XVIe et le XVIIIe siècle, et aussi à Charles Fourier. Toutes ces sources s'intégreront à chaque analyse spécifique, et ceci vaut aussi bien pour son intervention sur l'antisémitisme. Celle-ci, en effet, n'est pas dénuée de difficultés, voire d'ambiguïtés, que la brève résolution de 1892 laissait déjà entrevoir et qui pourraient à la longue être lourdes de conséquences encore imprévisibles. Avec le recul dont nous disposons, si la perception de l'antisémitisme moderne nous apparaît encore aisément comme l'une des formes de concurrence économique ou culturelle

---

[11] *Idem,* p. IV.

[12] *Ibid.,* p. VII.

engendrées par la transformation rapide des rapports sociaux, ce qu'elle a de spécifique est beaucoup plus difficile à apprécier dans le cadre du primat de la lutte des classes, telle que Marx et Engels se sont efforcés d'en approfondir la nature. Les Juifs sont aussi perçus essentiellement comme les adeptes d'une religion encore combattue par différents courants chrétiens et comme une nationalité ancienne persistante parmi les plus modernes. On les qualifie encore parfois d'Hébreux ou d'Orientaux. C'est évidemment à l'articulation contradictoire, capitale pour la conscience lucide des événements mais difficile à justifier logiquement, que je fais allusion : l'antisémitisme serait à la fois, selon Bebel, *réactionnaire* et *révolutionnaire* ! Où situer la ligne de fracture entre ces deux prédicats ? Cette clé de lecture me semble de première importance pour comprendre que, malgré l'opposition claire à l'antisémitisme politique, l'idée ait pu s'introduire progressivement, d'une « gauche » hostile aux Juifs : quels Juifs, dans quel contexte, en fonction de quels nouveaux éléments apparus après la mort de Bebel en 1913, ou plus généralement après la coupure radicale imprévue de la Première Guerre mondiale. Cette guerre, Bebel et le mouvement socialiste international s'y étaient violemment opposés, comme à la course aux armements des grands empires ou États-nations européens qui l'avait finalement provoquée.

Au cours des Journées du parti, plus exactement le cinquième jour des débats, le 27 octobre 1893 à 15h30, August Bebel monte enfin à la tribune pour détailler le rapport du parti qui, normalement, aurait dû précéder la résolution votée l'année dernière et qui est reprise cette année encore. Quelque 200 personnes écoutent ses paroles. L'homme est aussi attendu et apprécié pour ses qualités d'orateur que pour le contenu de ses interventions. Il commence par noter la réaction des antisémites qui se sont déjà réjouis de voir le parti socialiste parler d'eux ; il ne l'a fait et ne le fera, assure Bebel, que pour mesurer la valeur et l'importance de l'argumentation antisémite :

« Si l'on parle d'antisémitisme comme d'un phénomène *nouveau*, cela est à la fois vrai et faux. Si l'antisémitisme est l'hostilité envers les Juifs en vue de les anéantir ou tout au moins de les chasser, alors l'antisémitisme a plus d'un millénaire et demi. Mais ce que nous entendons par antisémitisme et par parti antisémite est un phénomène nouveau, dans la mesure où il rassemble dans un parti politique prenant part à la vie publique les tendances hostiles au judaïsme.[13] »

Cette entrée en matière me paraît avoir gardé toute son actualité, car elle établit bien le départ entre les querelles théologiques anciennes, inassimilables en termes politiques parce qu'elles ne traitent aucunement des principes d'organisation de l'État, toujours rationnels et concrets. Sans ce préalable clairement établi – en tous cas depuis la Révolution française – aucun débat de nature politique ne peut succéder aux croyances renvoyées en principe à la sphère subjective et donc privée ; ce que le parti socialiste n'a jamais cessé d'affirmer par ailleurs. Dans la toute première histoire de l'antisémitisme[14] publiée en 1894, l'avocat français Bernard Lazare reprendra la thèse de Bebel : *antisémitisme* recouvre abusivement le rappel de querelles théologiques que certains auront même tendance à prolonger en amont du christianisme, et en même temps la novation politique, pensable seulement dans la démocratie moderne en gestation depuis que les « masses » ont fait irruption sur la scène de

---

[13] *Protokoll über die Verhandlungen des Parteitages der Sozialdemokratischen Partei Deutschlands. Abgehalten zu Köln vom 14. Bis 22. Oktober 1893,* 1893, Berlin, Vorwärts, p. 224. (Procès verbal des Journées du Parti, tenues en 1892 à Berlin. Mis en ligne par la Fondation Ebert).

[14] Bernard Lazare, *L'Antisémitisme, son histoire et ses causes*. Édition originale reproduite en fac-similé avec préface de Jean-Denis Bredin, Les Éditions 1900, Rennes, 1990.

l'histoire et sont appelées à faire entendre officiellement leur voix.

À partir de cette coupure dans le temps qu'il situe en 1812 dans un État allemand, en Prusse où l'émancipation civile et politique d'inspiration française marquerait la fin de la situation d'exception d'une minorité religieuse contrainte à l'isolement, Bebel distinguera la notion d'antisémitisme d'une traditionnelle haine des Juifs (*Judenhass*), pour transformer aussitôt cette dernière, de *moment théologique* (ce sont ses termes) en un phénomène naturel, voire anthropologique, la haine de race. « S'y ajoute la répulsion qui est partout présente parmi les hommes de races différentes, et particulièrement chez les hommes situés à un niveau inférieur de civilisation. Et la différence de race existe entre les Juifs et le reste de la population. Nous voyons bien comment, aujourd'hui *encore*, la haine nationale qui est moins violente que la haine raciale, attisée par la bourgeoisie, est profondément enracinée ; ce qui permet de comprendre d'autant plus facilement la haine de race. Il s'agit bien de deux races fondamentalement différentes dans leur caractère et leur essence, qui se sont maintenues durant 2000 ans jusqu'aujourd'hui. Et si, en outre, le Juif vivant parmi un autre peuple a le malheur de se distinguer extérieurement, de telle sorte qu'on le reconnaisse ne fût-ce qu'à son nez (hilarité), c'est-à-dire, au sens péjoratif du mot, comme un homme 'marqué', cela favorise encore l'hostilité de race. C'est donc apparemment à bon droit que les antisémites reprochent aux Juifs d'être une race particulièrement hostile aux Germains, avec des particularités raciales déplaisantes, sans quoi ils n'auraient pu se maintenir séparés durant près de deux mille ans dans la société germano-chrétienne. En disant cela, ils oublient cependant que les Juifs, jusqu'à l'époque contemporaine, ont été *contraints* de vivre séparés du reste de la population, sauf à se convertir.[15] »

Spécialisés malgré eux dans le commerce et le maniement du crédit, Bebel voit les Juifs comme des intermédiaires favorisant la concentration capitaliste et en même temps particulièrement exposés à la rancœur de la petite paysannerie, des petits artisans et manufacturiers qui dépendent d'eux pour la distribution de leurs produits et le financement de leurs activités. La limitation des capitaux entraîne alors des taux jugés usuraires[16]. Rien de surprenant donc à ce que ces couches promises à un déclin jugé inévitable s'insurgent d'abord contre ceux qui leur apparaissent comme la cause la plus immédiate de leurs difficultés économiques. Cette concurrence frappe aussi, selon Bebel, le recrutement des fonctionnaires, des professeurs, voire les cercles d'étudiants. L'accès aux professions nouvelles, envahies par une offre excédentaire, serait aussi l'objet d'une lutte interne farouche : médecins, juristes, ingénieurs, architectes, chimistes, etc., remplaceraient aujourd'hui l'accès traditionnel aux carrières ecclésiastiques dans l'Ancien Régime comme voies de promotion sociale.

Bebel n'hésite pas à utiliser les clichés antisémites pour mettre à nouveau les rieurs de son côté, en évoquant par exemple l'assiduité et la sobriété des étudiants juifs comparées à celles des étudiants allemands : « L'étudiant juif travaille assidument la plus grande partie du temps où il fréquente l'université, tandis que l'étudiant 'germanique' glandouille dans les estaminets, dans les salles d'escrime, où en d'autres endroits que la décence m'interdit de nommer (grande hilarité). [...] J'ai ainsi brièvement esquissé les

[15] *Protokoll... 1893, op. cit.*, p. 226.

[16] Ces taux obéissent simplement à l'offre et à la demande. Le débat politique mettra parfois en présence sociaux-démocrates et antisémites sur la question d'une régulation étatique de ces taux en faveur de telle ou telle couche sociale.

phénomènes qui, selon moi, ont contribué à faire de l'antisémitisme ce qu'il est aujourd'hui. Il est frappant que l'antisémitisme, en Saxe par exemple où il y a proportionnellement peu de Juifs, ait pu y prendre un tel essor. Ce n'est donc pas le nombre de Juifs qui importe, mais qu'ils apparaissent comme des concurrents possibles.[17] » Pour le dirigeant socialiste, la faute en incombe aussi à la lâcheté des partis conservateurs catholiques et libéraux qui n'osent pas combattre l'antisémitisme, le laissant ainsi se développer sans obstacle. Selon lui, cette attitude équivoque répond bien à la nature contradictoire de l'antisémitisme, partiellement ultraconservateur et réactionnaire, partiellement démocratique, mettant même parfois à son programme des revendications proches de celles des socialistes. Bebel conclut ainsi :

« Les autres revendications du programme antisémite : limitation de la vente à domicile, interdiction des bazars, de la publicité commerciale, etc., ne témoignent que de la démagogie des antisémites. Un de leurs candidats au parlement de Saxe tonne contre les exploiteurs juifs et voudrait qu'aucun chrétien n'achète chez un Juif ; mais quand, dans une assemblée il ôta son manteau, un de nos camarades y découvrit une étiquette juive ! (Hilarité générale.) On m'a rapporté que l'intéressé était tellement endetté, qu'aucun de ses concitoyens *chrétiens* ne lui faisait encore crédit. (Rires.) Le programme antisémite mentionne encore la limitation des associations de consommateurs, l'ouverture de colonies pénitentiaires outremer, le soutien à la colonisation intérieure. Ceux qu'il faudrait envoyer en premier dans les colonies pénitentiaires, je n'ai pas besoin de vous les nommer. (Hilarité.) Et en fin de compte, ce qu'il réclame, c'est la suppression de l'émancipation des Juifs et leur reprise sous un statut légal d'étrangers. On ne serait pas loin d'en revenir ainsi au Moyen Âge ; car pour suivre l'exhortation :

[17] *Idem*, p. 234.

Soyez féconds, croissez et multipliez-vous comme le sable au bord de la mer !, les Juifs ont scrupuleusement suivi le commandement de leurs ancêtres et ils continuent à le faire. (Hilarité.)

Bref, cette mixture (*mixtum compositum*) de programme répond entièrement à la nature contradictoire de l'antisémitisme. Ce que je vous ai dit de sa croissance ultérieure probable, et même inévitable, mène à ce qu'il devienne finalement malgré lui révolutionnaire, et c'est là que nous, sociaux-démocrates, avons à intervenir. Ce point me paraît clairement exprimé dans la résolution. Et je ne peux que vous demander de la voter à l'unanimité. (Longs applaudissements enthousiastes.)[18] »

Ce qui fut fait. Mais quelques réactions des auditeurs ont rapidement démontré à Bebel que son intervention ne les avait pas tous convaincus. Bien que certains délégués en aient demandé la publication – notamment ceux d'Altona (Hambourg) où réside une importante communauté juive, des voix s'élèvent contre sa diffusion ou contre l'intérêt de certains passages historiques. Bebel se déclare ouvert à la poursuite des débats, mais ils ne peuvent évidemment plus trouver place à la fin de cette Journée du parti. La question d'une publication séparée est longuement évoquée, et Bebel, pour ce faire, se dit prêt à en compléter le texte. Un intervenant en voit la nécessité, « car une grande confusion règne encore à ce sujet parmi les camarades ». Un autre, mais sous les rires de l'assemblée, s'oppose à une publication, parce qu'il ne veut pas que le parti prenne officiellement position sur un tel sujet.

À plusieurs reprises, et jusqu'en 1906, August Bebel, qui n'a pas hésité à ouvrir la boîte de Pandore, sera contraint de remettre son texte sur le métier. Son contenu, remanié dès 1894, y trouvera alors sa forme définitive, accompagné de deux appendices plus spécifiques.

---

[18] *Ibid*, p. 237.

Les remaniements importants de Bebel ne ressortiront plus uniquement du débat interne suscité par les formes allemandes de l'antisémitisme politique, directement liées au rapide développement économique du Second Reich de 1871 et au chauvinisme qui l'accompagne. Fin 1894, intervient en France la condamnation de Dreyfus. Si cette dernière est la conséquence d'un climat antisémite propre à la France, déjà clairement exprimé dans *La France juive* (1886) d'Édouard Drumont et dans beaucoup d'autres écrits qui saisissent l'occasion du centenaire de la Révolution française pour inscrire le souhait de révocation de l'émancipation juive dans tous les courants réactionnaires antidémocratiques, le soupçon de trahison nationale n'en brouille pas moins la perception de la condition juive. Le fait même aurait été impossible en Allemagne, où aucun Allemand d'origine juive n'a encore accès au statut d'officier. De toutes les concurrences professionnelles possibles citées par Bebel, la carrière militaire, vieux privilège de la noblesse, n'est même pas citée ; elle est inaccessible aux Juifs, même citoyens à part entière. L'antisémitisme de l'empire austro-hongrois voisin, à forte présence germanique, touche aussi de près les ambitions pangermaniques du Reich ; enfin, l'antisémitisme russe exerce sur les grandes masses juives de l'empire des tsars une pression à l'émigration vers les pays occidentaux, avec les réactions que l'on sait, y compris auprès des populations juives plus anciennement intégrées. La prétendue « question juive », soulevée d'abord dans la Confédération germanique (1815-1871) pour des raisons confessionnelles, est devenue un véritable marqueur de la politique européenne, dans et entre de nombreux États. Est-ce tout cela qui incite le dirigeant de la social-démocratie allemande à se réclamer d'autorités reconnues par les différents courants socialistes, pour leur donner un fondement doctrinal en cette matière difficile à cerner et de nature à brouiller tous les repères de jugement dans les principes à suivre ? L'a-t-il fait trop hâtivement dans le désir de rassembler ses militants, ou inconsidérément en choisissant des sources marginales et peu compréhensibles ? Les deux, sans doute, comme nous allons le voir. La confusion, en tous cas, ne s'en trouvera pas réduite pour autant.

5. Un spectre de plus : le dieu Karl Marx

L'écart le plus surprenant entre le discours de 1893 et sa diffusion écrite à partir de l'année suivante et enfin sa formalisation la plus aboutie de 1906 est certainement son ancrage doctrinal dans les travaux de ses maîtres à penser, Marx et Engels. En 1893, Marx est mort depuis 10 ans et seul un écrit vieux d'un demi-siècle semble se rapporter au sujet brûlant du moment, et encore sous le titre équivoque : « À propos de la question juive », réponse critique à l'ouvrage de Bruno Bauer, « La question juive », controverse théorique à consonance théologique sur la notion d'émancipation : sortie humaine, religieuse ou politique des différentes tutelles exercées sur les individus par les autorités garantes de l'ordre social. Débats très datés et en des termes quasi abscons pour le commun des mortels – discours qu'Engels qualifiera « d'incompréhensible dans son langage hégélien[19] ». Si Marx est mort, Engels est encore le témoin vivant – il décède en 1895 – de leur fructueuse collaboration ultérieure. Et les réserves qu'il exprime à l'occasion de l'édition de vieux textes de Marx, alors tombés dans l'oubli, ne devaient pas être inconnues de Bebel.

Dans l'*Arbeiter-Zeitung* (Vienne) du 6 mai 1890, sous le titre « Sur l'antisémitisme », Engels s'est exprimé comme suit, prenant déjà la mesure de l'internationalisation du débat :

« L'antisémitisme est la caractéristique d'une civilisation rétrograde et ne se trouve donc qu'en Prusse et en

[19] Le lecteur de 1893 ne peut effectivement plus rien comprendre à une vieille polémique qui prend sa source dans l'interprétation protestante du théologien Bauer : *Die Posaune des jüngsten Gerichts über Hegel den Atheisten und Antichristen. Ein Ultimatum,* Leipzig, 1841, Otto Wigand. (Les trompettes du Jugement dernier contre Hegel, l'athée et Antéchrist. Un ultimatum), à laquelle répondra indirectement Marx. Le texte de Bauer est disponible sur Google Livres.

Autriche, ainsi qu'en Russie. Si l'on voulait le répandre ici en Angleterre ou en Amérique, on se rendrait simplement ridicule, et Monsieur Drumont ne récolte à Paris avec ses écrits pourtant bien supérieurs à ceux des antisémites allemands, qu'un petit succès d'un jour, totalement sans effet. Candidat aux élections municipales, il doit bien concéder qu'il s'oppose autant au capital chrétien que juif. On le lirait même s'il défendait une opinion contraire.

Il y a en Prusse une petite noblesse, des hobereaux, qui encaissent 10.000 marks et en dépensent 20.000, qui s'endettent donc auprès des prêteurs à gage et tombent dans l'antisémitisme ; en Prusse et en Autriche, ce sont des petits-bourgeois, des artisans et des petits-commerçants, victimes de la concurrence du grand capital, qui forment le chœur des pleureurs. Si le capital détruit *ces* classes totalement réactionnaires de la société, il ne joue que son rôle, un travail utile, que ce capital soit sémite ou aryen, circoncis ou baptisé ; il pousse en avant la Prusse et l'Autriche arriérées, les amène au point où toutes les vieilles distinctions sociales cèdent la place à la grande opposition entre capitalistes et salariés. Ce n'est que là où ce n'est pas encore le cas, où il n'y a pas de classe capitaliste assez forte, donc pas de classe assez forte de salariés, là où le capital est encore trop faible pour s'emparer de toute la production nationale et faire de la bourse le théâtre de son activité, c'est-à-dire là où la production est encore aux mains des paysans, propriétaires fonciers, artisans et autres classes médiévales révolues – ce n'est que là que le capital est surtout juif et qu'il y a donc de l'antisémitisme.

Dans toute l'Amérique du Nord, où il y a des millionnaires dont on ne saurait exprimer la richesse dans nos misérables marks, florins et francs, *pas un d'entre eux* n'est juif, et les Rothschild semblent de vrais mendiants à côté de ces Américains. […]

L'antisémitisme n'est donc rien d'autre qu'une réaction moyenâgeuse contre la société moderne essentiellement composée de capitalistes et de salariés, réaction de couches sociales en déclin, ne servant que des objectifs réactionnaires sous un manteau d'apparence socialiste ; une espèce bâtarde de socialisme féodal, dont nous n'avons rien à faire. [...]

S'y ajoute le fait que l'antisémitisme fausse tout l'état des choses. Il ne connaît même pas les Juifs sur lesquels il s'acharne. Sans cela il saurait qu'ici, en Angleterre comme en Amérique, grâce aux antisémites d'Europe orientale, et en Turquie, grâce à l'Inquisition espagnole, il existe des milliers et des milliers de *prolétaires juifs*, qui sont en outre, ces travailleurs juifs, les plus exploités et les plus misérables. Ces douze derniers mois, nous avons connu en Angleterre *trois* grèves de travailleurs juifs ; pourquoi nous faudrait-il pratiquer l'antisémitisme pour combattre le capital ?[20] »

Voilà une analyse générale dont Bebel aurait pu s'inspirer, et, en partie, il l'a fait. D'autant que, s'il remonte beaucoup plus loin dans le temps, il le fait en citant le texte oublié de Marx de façon fragmentaire et hors contexte. Marx, jeune philosophe hégélien, n'y aborde encore que des questions purement théoriques. Mais son aura est devenue telle au sein du mouvement socialiste que l'on oublie ainsi ce qu'il doit précisément à son futur ami Engels, fils d'industriel rhénan du textile, prospérant en Grande-Bretagne, sa découverte prochaine du communisme et sa connaissance du prolétariat anglais. Pour l'heure, 1843, ils n'ont même pas encore fait connaissance[21].

---

[20] F. Engels, *Über den Antisemitismus*, en ligne : mlwerke.de/me/me22-049.htm

[21] J'ai analysé tout l'anachronisme des accusations rétrospectives d'« antisémitisme » faites à Marx dans mon livre : *Karl Marx antisémite et criminel ?*, Bruxelles, 2005, Didier Devillez. J'avoue n'avoir pas

Voyons donc ce que Bebel introduit abruptement dans le texte de son intervention orale, et en vue de sa diffusion élargie. Par souci de rigueur, il me faut en reprendre les termes et montrer leur écart par rapport à la manière même dont le futur père du matérialisme en histoire s'est d'abord exprimé. La première leçon d'un matérialisme historique conséquent est de retracer aussi la genèse des idées, sauf à les croire – un reste évident de la foi – logées dès l'origine dans la pensée divine et dans le monde dont il est le créateur.

La citation de quelques phrases de Marx va s'insérer comme suit :

« Le fait que les Juifs sont fortement représentés dans le commerce, et qu'ils s'y montrent le plus souvent supérieurs aux soi-disant chrétiens, a entraîné hostilité et jalousie envers eux. Leur concurrence est dangereuse et ils y appliquent souvent des pratiques auxquelles succombent leurs adversaires moins habiles. Marx s'exprime de la façon suivante dans un écrit des années 1840, 'Sur (*sic*) la question juive' :

Quel est le fondement profane du judaïsme ? Le besoin pratique, l'égoïsme.

Quel est le culte profane du Juif ? Le trafic.

Quel est son Dieu profane ? L'argent.

Et bien ! L'émancipation du trafic et de l'argent, donc du judaïsme pratique réel, serait l'autoémancipation de notre temps...

L'émancipation des Juifs est, dans son sens ultime, l'émancipation de l'humanité du judaïsme.

---

réalisé à l'époque que Bebel était, involontairement, à l'origine de ces erreurs de perspective historique. Issu lui-même d'une tradition idéaliste chrétienne, il contribuera à répandre dans les milieux socialistes l'idée persistante jusqu'à nos jours, d'un « antisémitisme » préexistant même au christianisme en raison de la présence de Juifs éternels, toujours semblables à eux-mêmes, quelle qu'en soit la cause : peuple, race, religion, morale, etc.

Marx dit de la sorte que notre société tout entière est trafic et aspiration à l'argent, et donc une société devenue juive. Ce que l'on attribue au Juif parce qu'il est un Juif est en réalité la nature de notre société bourgeoise. Si nous voulons délivrer le Juif de cette propriété caractéristique propre, cela ne sera possible que dans la mesure où nous en délivrerons la société. *Avec la société bourgeoise disparaît aussi l'essence particulière au Juif* (souligné par A. Bebel). »

Non seulement l'auteur (futur) du Capital (1867 – 24 ans après cet écrit précoce) ne fait-il aucune analyse économique dans ce texte philosophique, contrairement à ce que Bebel laisse supposer à ses lecteurs, mais ce collage arbitraire de propos détachés est moins clair que le texte même de Marx :

« Parce que l'essence (*Wesen*) véritable du Juif s'est réalisée et sécularisée universellement dans la société bourgeoise [à travers le christianisme, J. A.], celle-ci n'a pu convaincre le Juif de l'*irréalité* de son essence *religieuse*, qui n'était justement que la vision idéale de son besoin pratique. Ainsi nous trouvons l'essence du Juif d'aujourd'hui, non seulement dans le Pentateuque [les 5 livres de Moïse, J. A.] ou le Talmud, mais dans la société actuelle, non pas comme une essence abstraite, mais comme un être (*Wesen*) hautement empirique, non seulement sous la forme de la limitation du Juif, mais sous la forme de la limitation juive de la société.[22] » Marx lui-même abandonnera cette phraséologie

[22] Je reprends ici l'excellente traduction de Marianna Simon dans l'édition bilingue parue en 1971 chez Aubier Montaigne, Paris, avec l'introduction de François Châtelet. Sans entrer dans une discussion philologique, je rejette l'accusation portée contre Bebel de se servir du vocabulaire antisémite en parlant d'une société « rendue juive » (*verjudet*) là où Marx parle de limitation « juive » (jüdische). Voir e.a. Lars Fischer, *The Socialist Response to Antisemitism in Imperial Germany*, Cambridge University Press, 2007. Il s'agit encore d'un anachronisme, comme avec l'emploi du mot race. Engels, par exemple, dans un texte

idéaliste pompeuse qui ignore de fait que le judaïsme, comme vision globale du monde, est bien autre chose qu'une réduction à un masque social. Son célèbre point de vue sur le rôle de la religion le montre déjà à suffisance (Critique de la philosophie du droit de Hegel, 1843).

Sa vie durant, Engels, le disciple lucide, s'est efforcé de transmettre l'enseignement de son ami comme « une méthode mais pas un dogme ». Bebel apparemment ne l'a pas vraiment compris. D'où alors lui vient sa vision propre du judaïsme, autant dire, de ce qu'il sait des Juifs d'un point de vue religieux et historique ? Pour le savoir, plongeons-nous un instant dans son propre ouvrage polémique de 1874, « Christianisme et socialisme ». Toute sa connaissance du judaïsme est chrétienne (judaïsme = antichristianisme), et comme Voltaire, rejetant le christianisme (pas l'Infâme, mais l'illusoire bonheur, l'opium du peuple), Bebel rejette sa source juive, d'autant plus inactuelle que toute la société moderne se drape dans un idéal d'amour chrétien. En 1893, se réclamer d'un marxisme aussi imaginaire qui se serait formulé un demi-siècle auparavant ne peut relever chez un socialiste qui s'affirme marxiste, et précisément pour cela, que d'une déification du père fondateur et d'une usurpation d'autorité.

Les abstractions absolues dont le jeune hégélien Marx s'était servi (*le* judaïsme et *le* Juif) et qu'il abandonnera presque aussitôt, ne peuvent, en 1893, qu'ajouter confusion à la confusion. La polémique contre un monarque – Frédéric-Guillaume IV – qui rêvait pour la Prusse d'un État germano-chrétien se retrouve soudain « parachutée » dans la lutte contre l'*antisémitisme* politique d'un parti chrétien-social fondé par le prédicateur de la Cour de Guillaume Ier (Adolf Stöcker, 1878), et dans sa version prétendument « non-confessionnelle » par des agitateurs libéraux (Marr,

---

de 1892 parle de « race » américaine, alors qu'il s'agit à l'évidence du plus vaste *melting pot* imaginable.

Von Treitschke, 1879) ou de pseudo-socialistes (Dühring, *La question juive, comme une question de race, de morale et de civilisation*, 1881). Je reviendrai aux objectifs de ces antisémites-là.

Bebel, lui, s'était d'abord préoccupé de religion en 1874, dans le cadre de la malnommée « Lutte pour la Civilisation » (*Culturkampf*). En effet, une grande partie de la classe politique, dont Bismarck s'était fait le porte-parole, entendait unifier l'Allemagne sous le protestantisme luthérien et s'en prenait directement aux institutions catholiques et à l'influence ultramontaine. Dans une brochure[23] de 1874, *Christianisme et socialisme*, Bebel distingue les religions de leurs Églises. En réponse à son interlocuteur, un chapelain du nom de Wilhelm Hohoff, il déclare : « Je n'ai pas, comme vous affirmez l'avoir fait, étudié les systèmes philosophiques de Socrate et Pythagore jusqu'à Schopenhauer, Feuerbach, Lassalle et Marx – et à propos de ces deux derniers, je remarque qu'ils n'ont jamais eu l'intention d'établir un tel système. Vous pouvez donc supprimer leurs systèmes philosophiques de votre science.[24] »

Après avoir passé en revue l'évolution du judaïsme et du christianisme dans leurs contextes historiques mouvants, après les avoir examinés de façon critique, en avoir opposé les nobles principes à la pratique de leurs clergés, Bebel conclut : « Il ne m'est donc pas possible de partager votre point de vue selon lequel le christianisme aspirerait à la même chose que le socialisme. Ils s'opposent comme le feu et l'eau. Le bon noyau que vous – et pas moi – trouvez dans le christianisme, n'est pas chrétien mais communément humain, tandis que ce qui constitue le christianisme, ce bric-à-brac de doctrines et de dogmes, est hostile à l'humanité.

---

[23] *Christentum und Sozialismus*, reprint 1920, Berlin, Buchhandlung Vorwärts.

[24] *Idem*, p. 6.

À vous de voir comment vous résolvez cette contradiction entre votre théorie et votre pratique.[25] »

Bebel est élu député au Reichstag à Cologne en 1876. La place qu'occupe la religion dans le débat politique allemand et le point de vue social sous lequel il la considère déterminent le dirigeant socialiste à en approfondir l'impact, à la lumière de l'expérience française qu'il juge plus mûre politiquement. La même année, il a publié anonymement en Suisse sa traduction du livre de Guyot et Lacroix intitulée *Étude sur les doctrines sociales du christianisme.*[26] En 1878, signées cette fois, paraîtront les « Gloses » de Bebel sur l'ouvrage des deux auteurs français, plus éclairantes que tout autre écrit sur la perspective politique dans laquelle il situe le christianisme encore partagé par la majorité de la population du Reich. Et c'est encore sous cet aspect que Bebel va percevoir le jeu exclusivement politique des antisémites, sans pouvoir lui donner un fondement théorique qui en aurait élargi l'analyse. Sa critique du phénomène antisémite reste ainsi nécessairement marginale. D'abord, parce que sa problématique est objectivement secondaire dans les objectifs du parti : en politique intérieure, priment la lutte pour la liberté d'expression, les revendications sociales de la classe ouvrière, le suffrage universel, l'enseignement public, etc. ; en politique internationale, la solidarité ouvrière, donc la lutte contre les crédits militaires et l'armement des

---

[25] *Ibid*, p. 15.

[26] Yves Guyot et Sigismond Lacroix, *Étude...*, Paris, 1873, J. Brouillet. La traduction de Bebel a pour intitulé : *Die wahre Gestalt des Christentums* (Le véritable visage du christianisme), suivi du titre de l'ouvrage français, traduit par un socialiste allemand (*übersetzt von eimem deutschen Sozialisten*), Zurich, 1876, *Verlag der Volksbuchhandlung.* Google Livres. Yves Guyot (1843-1928) est un républicain libéral, auteur en 1893 de *La tyrannie socialiste* ; Sigismond Lacroix (1845-1909), fils de réfugié polonais, se situera plus à gauche sur l'échiquier politique.

différents États en perpétuelle rivalité pour la conquête de marchés et d'« espace vital ».

Mais malgré la priorité que Bebel doit nécessairement donner aux objectifs propres du mouvement socialiste national, et international car il affronte partout les mêmes opposants, le dirigeant de la social-démocratie allemande reproche aux deux auteurs français leur incapacité à situer le phénomène religieux – dans sa description d'un salut céleste imprégnant un idéal de vie terrestre – en regard des conditions de vie qui ont donné naissance à ses différentes formes. Et pour ne pas affronter en premier les convictions catholiques ou protestantes de ses concitoyens, Bebel montre le rapport étroit des utopies de Platon et de la société esclavagiste de son temps. « Des utopies devaient nécessairement surgir dans toutes les têtes pensantes soucieuses de transformations fondamentales de la société, et cela aussi longtemps que le degré d'évolution de l'humanité était encore misérable et ses lois encore inconnues. Étudier ces dernières ne devint possible qu'à une société aussi évoluée que la nôtre, et seule cette dernière sera à même de donner des bases entièrement *nouvelles* à la société.[27] » Bebel se lance ensuite dans une démonstration semblable pour l'Empire romain et le Moyen Âge. « Et nous voyons de la sorte au développement du christianisme et de la philosophie platonicienne comment, tant qu'il y aura des classes dominantes, toutes les idées seront mises au service des intérêts matériels de ces dernières. De là découle que, non seulement tous les mouvements politiques, mais aussi tous les mouvements *religieux*, sans aucune exception, sont de nature *sociale*, aussi invraisemblable que cela paraisse souvent.[28] »

---

[27] August Bebel, *Glossen zu Yves Guyot's und Sigismond Lacroix's Schrift : Die wahre Gestalt des Christentums*, Leipzig, 1878, Verlag der Genossenschaftsbuchhandlung, p. 6. Google Livres.
[28] *Idem,* p. 14.

Se rapprochant alors de l'époque moderne, Bebel – *Culturkampf* oblige – fustige le caractère éminemment réactionnaire de la Réforme luthérienne, qui soutient la répression féroce des révoltes paysannes qui, elles, avaient pris à la lettre les Évangiles et sur cette base contestaient le servage. « La caste des bonzes protestants (*Bonzentum*) a été depuis son apparition, *partout et tout le temps*, l'instrument docile des gouvernements. À toutes les infamies princières, elle a donné sa bénédiction, avec la même servilité avec laquelle Luther et Melanchthon accordèrent à Philippe de Hesse, le *Magnanime* – surnom que lui avaient donné ses courtisans et historiographes – d'être *bigame.* Face aux princes, le clergé catholique, parce qu'il se sentait unitaire et organisé comme une puissance mondiale, a toujours su manifester son indépendance, et il n'a jamais hésité, lorsque ses intérêts s'opposaient au pouvoir d'État, à s'opposer à eux et à les combattre.[29] »

La transposition que fait Bebel des circonstances historiques de la Réforme à celles du jeune Reich allemand unifié explique pour l'essentiel sa position en matière religieuse – et toute référence au judaïsme en est jusqu'à présent absente ; seule la naissance vers 1880 de l'antisémitisme politique l'obligera à y accorder quelque intérêt. « Nous voyons ainsi comment le *Culturkampf* actuel n'est pas un combat religieux mais éminemment social, et que ce sont les intérêts matériels des classes dominantes ou du peuple opprimé qui produisent tous les combats spirituels et le développement des idées. [...] La preuve est ainsi fournie, que la religion est très étroitement liée aux intérêts matériels de la société et se met à leur service.[30] »

---

[29] *Ibid.,* p. 21. Cette leçon historique, Bebel l'a transposée dans certaines alliances tactiques de la social-démocratie avec le centre catholique.

[30] *Ibid.*, p. 26.

Et Bebel d'expliciter *in fine* la raison apparemment mystérieuse pour laquelle politique et religion se mélangent si intimement : « Dans tous les États où règne la bourgeoisie qui y a introduit la liberté civile, elle a *considéré comme nécessaire de lui donner la religion en contrepartie. La religion devrait y remplacer la pression insuffisante du pouvoir politique*, souvent très désagréable au bourgeois, *et y constituer une barrière contre les tendances destructrices des classes laborieuses.*[31] » Pour lui, comme il le martèle en conclusion : une seule puissance pourrait mettre fin à la collusion du christianisme et du pouvoir autoritaire, le socialisme.

Dépasser le prétendu « combat pour la civilisation » auquel se livraient encore protestants et catholiques, en faire le reflet idéologique de conflits de classes, voilà l'objectif socialiste que vient soudain perturber l'irruption de l'antisémitisme, le plus absurde des concepts issus du cerveau inquiet de quelques penseurs marginaux. En se référant à un modèle politique depuis longtemps disparu, le mythique royaume biblique des Hébreux, et en l'opposant à de petites communautés juives réorganisées depuis 200 ans environ, les antisémites, transcendant la rivalité des partis, brouillèrent toutes les cartes, et dans l'irrationalité la plus complète, forgèrent les armes de la lutte des différents États ou nations contre les revendications les plus révolutionnaires de l'ordre social. D'instinct, les socialistes s'y opposèrent, mais comment auraient-ils pu en mesurer d'emblée cette spécificité qui réduisait *le* judaïsme et *le* Juif à des types imaginaires totalement désincarnés. Pour nous en apercevoir et en prendre la juste mesure, c'est vers les créateurs de ces fantasmes nouveaux, prétendument plus scientifiques que religieux ou philosophiques – ni Moïse, ni le Christ, ni Platon – que nous devrons nous tourner. Ce n'est certainement pas par hasard qu'Ernest Renan, le père de

---

[31] *Ibid.*, p. 28.

toute cette fantasmagorie, formule en 1893 – parallèlement au rapport de Bebel à son parti – cette idée nouvelle que l'antisémitisme accompagnerait les Juifs de toute éternité. La lutte pour la civilisation (?) serait à présent devenue le combat éternel du bien et du mal, incarné par des forces insaisissables : celles des Juifs et, par ailleurs, de tous leurs enfants légitimes ou illégitimes rassemblés symboliquement dans le chemin de croix des non-Juifs, dans la nouvelle croisade antisémite, salvatrice de notre âme pagano-chrétienne. Elle désigne le Juif en créateur diabolique d'un monde moderne dont les contradictions vont apparaître plus redoutables pour l'espèce humaine que l'acceptation volontaire des souffrances d'ici-bas prêchée par tous les cultes officiels.

6. Que veulent donc les antisémites ?

Malgré leurs désaccords apparents et la diversité de leurs revendications locales, les groupements antisémites vont se trouver progressivement une doctrine commune, aidés en cela par des idéologues quasi professionnels, dont le modèle pourrait bien être ce Wilhelm Marr, l'inventeur même du nouveau concept auquel il a donné ce nom bizarre : antisémitisme. Sur une base qu'il voulait objective, l'étude des langues supposées vectrices de la pensée, Ernest Renan avait forgé la distinction entre familles linguistiques sémitiques et aryennes, auxquelles par facilité il avait associé des filiations bibliques entrées dans l'imaginaire chrétien : enfants de Sem, de Cham et de Japhet. Sur ce substrat s'étaient greffés des peuples, ou souches, ou races, etc. Contrairement à une idée très répandue, ce n'est pas sur cette idée de différenciation ou de hiérarchie des peuples ou races que va se faire l'unité des antisémites, mais sur la confusion persistance entre peuple et nation. Le nouveau Reich ambitionne d'unifier les peuples-souches allemands (ou germaniques) dispersés, en une nation capable de rivaliser avec ses concurrents européens. Ses gouvernants se trouvent dès lors placés devant le choix d'y inclure ou non les Juifs résidant sur son territoire ou, vu l'histoire et les revendications spécifiques de ces derniers, de les regarder comme membres d'une nation différente, transnationale en quelque sorte. Dans le combat pour la civilisation (le *Culturkampf*), les comptes se réglaient essentiellement entre catholiques et protestants, et le mot de civilisation – même chez Bebel – signifiait avant tout un lien social tissé par la religion chrétienne en opposition à la juive. Comme nous le verrons clairement chez Marr, les antisémites introduisent en politique un mouvement totalement nouveau, transcendant les clivages traditionnels : le « socialisme national », en allemand *Nationalsozialismus.* Rien de semblable n'existait encore sur l'échiquier politique européen. Le protestantisme conservateur dominant était en train de formaliser un accord avec les conservateurs catholiques, sur le plan national et par la voix de ses papes Pie IX et surtout Léon XIII. La bourgeoisie libérale avait tout avantage à voir se développer économiquement le nouvel État centralisé. L'électorat ouvrier, celui du « quart état » en pleine expansion, était le véritable enjeu des futures majorités électorales. Dans l'esprit d'un conservatisme national à visées impérialistes, il fallait à tout prix détacher les Allemands d'un socialisme internationaliste. Quel ferment de discorde convenait mieux que le Juif pour atteindre ce but ? On le peignit contradictoirement en nostalgique d'une grandeur nationale perdue, en introducteur des valeurs les plus cosmopolites et déracinées (la finance, l'or et l'argent) et en révolutionnaire dissolvant de tout ordre social naturel. Et pourtant, la réelle présence juive, inversement proportionnelle à son poids symbolique, rendait la propagande des antisémites suspecte et leur comportement peu cohérent ; tant que les circonstances ne les favorisaient pas, toutes les alternatives traditionnelles ou réformatrices paraissaient vouées à la stagnation et à la crise. C'est cette terrible leçon-là de l'histoire qui ne devrait pas être perdue.

Théorisé par Marr, un mouvement antisémite au-dessus et distinct des partis resta durant des années une curiosité, une bizarrerie, et dans certains pays dont la Belgique – nous le verrons – comme une lubie, une phobie dont seuls quelques individus névrosés étaient atteints, quelles que fussent par ailleurs leurs qualités ou leurs mérites.

Voyons cela de plus près.

L'opposition marquée de la social-démocratie à l'antisémitisme, qui s'opposait à elle sur son propre terrain des revendications sociales et démocratiques, a-t-elle été l'une des causes de la stagnation, voire de la régression des partis antisémites après leur fulgurante percée de 1893 au parlement et dans différentes assemblées régionales du Reich ? Le mouvement antisémite est trop ambigu pour permettre une réponse claire à la question. En 1893, voit également le jour, la principale organisation à prendre directement en charge la riposte aux attaques religieuses et politiques portées contre les Juifs allemands, la *Centralverein*, en abrégé *CV*[32]. Mais si le mouvement antisémite s'essouffle, je crois qu'il faut en voir les raisons principales dans ses divisions internes jamais surmontées, et surtout dans son absence de réponse globale crédible au fonctionnement du nouvel État allemand, encore aux mains de pouvoirs féodaux traditionnels, face d'une part à son industrialisation accélérée et, de l'autre, à une classe ouvrière de mieux en mieux organisée, laissant désemparée une vaste couche moyenne. Les antisémites s'appuient essentiellement sur le désarroi de ces couches, mais peinent après une décennie de propagande à les convaincre que les Juifs seuls seraient cause de toute leur misère. Par-delà les querelles de personnes, d'origine sociale très différente, c'est l'absence de programme commun qui leur fait visiblement défaut. Deux exemples nous en fourniront la mesure.

Qu'est en effet devenu Wilhelm Marr, l'homme qui, le premier, avait donné un nom au tournant politique d'oppositions théologiques anciennes et en avait pointé la distinction nouvelle : une nation juive transnationale radicalement incompatible avec l'unité nationale allemande tant convoitée ? Où en était à présent la réflexion théorique de celui qui, dans les premières années, publiait brochures sur brochures qui se concluaient toutes par un seul slogan : *Ne votez pour aucun Juif !* Si son opposition s'affirmait « non confessionnelle », elle n'en résultait pas moins du maintien

---

[32] *Centralverein deutscher Staatsbürger jüdischen Glaubens* (Union centrale des citoyens allemands de confession juive). Voir l'ouvrage du même nom qu'Avraham Barkai lui a consacré, Munich, 2002, Verlag C. H. Beck.

chez ce « libéral » d'une chimérique nationalité germanique indissolublement liée à son évangélisation chrétienne. Après cinq ans de militantisme antisémite parut le dernier (à ma connaissance) état de ses réflexions : *Lessing contra Sem*[33].

Qui, quel électeur *lambda*, pouvait en décrypter le sens ? Certes, Gotthold Ephraim Lessing (1729-1781) était bien vite devenu synonyme du combat pour la tolérance – un Voltaire allemand – par sa pièce célèbre de 1779, Nathan le Sage, inspiré d'un conte de la Renaissance qui accordait la même estime aux trois religions du Livre. Mais Marr donnait dès le titre à entendre qu'il ne fallait pas pour autant considérer Lessing comme un ami de Sem (le Juif), bien au contraire. La tolérance ne serait qu'une faiblesse, la marque de la bonté chrétienne, dont les Juifs profitaient indument pour s'imposer et, en habiles parasites, pour priver le doux Germain de son labeur.

Curieux livre, mais combien révélateur de ce qu'est fondamentalement le mouvement antisémite : un trouble mélange de conservatisme profond et de tendances révolutionnaires. En bref, ce par quoi l'on qualifiera bien plus tard le national-socialisme : une révolution conservatrice. Dans ce mélange détonnant se trouve à la fois la force propulsive de l'antisémitisme et ses limites. Seules des circonstances exceptionnelles lui permettront de s'inscrire, exactement un

[33] Wilhelm Marr, *Lessing contra Sem. Allen 'Rabbinern' der Juden- und Christenheit, allen Toleranz-Duselheimern aller Parteien, allen 'Pharisäern und Schriftgelehrten', tolerantest gewidmet.* Berlin, 1885, M. Schulze (Lessing contre Sem. Dédié avec la plus grande tolérance à tous les « rabbins » de la judéité et de la chrétienté, à tous les « tolérantistes » de tous les partis, à tous les « pharisiens et exégètes ».) S'inspirant de Marr, Dühring publiera en 1906 *Die Überschätzung Lessing's und seiner Befassung mit Literatur*, Leipzig. Teodor Thomas (La surestimation de Lessing et de sa conception de la littérature).

demi-siècle après dans la politique officielle du Reich suivant, le IIIe !

Marr, bien que partisan inconditionnel d'un État germano-chrétien, affirme que la « question juive » n'est plus qu'une question sociale, la lutte pour le pain quotidien.

« Ce que je prêche ici, ce n'est pas l'assaut[34] (des Juifs) mais la *défense*. Sommes-nous résignés au point de choisir pour représentants de la nation allemande des hommes de nationalité juive ? Depuis l'émancipation, les oppositions nationales se sont-elles soudainement effacées au point de disparaître ? – Nous avons affaire à des gens qui, qu'ils soient nés en France, en Angleterre, en Espagne, en Italie ou en Allemagne, et à quelque parti qu'ils appartiennent, se sentent d'abord Juifs avec tous ceux de la même souche, c'est-à-dire, souffrent pour le moins d'un *dualisme* national. Partout, le Juif est un *sujet mixte* (en français dans le texte), et il doit l'être sous peine de ne plus être Juif. Et là où il entre en conflit avec sa double nationalité, il en sort toujours victorieux, qu'il soit rabbin ou Juif réformé. Nous ne lui en faisons pas reproche, mais nous constatons que son sentiment national n'est ni intériorisé ni indivisible, et qu'il est incapable de se donner *inconditionnellement* au peuple dans lequel il vit ; il ne le peut pas, car il est d'abord Juif, avant de s'être appelé Allemand, Français, etc. Il est resté Juif et il a donc de *plus anciens devoirs* envers la nationalité juive. On ne saurait le lui reprocher. Chaque peuple qui sent et pense clairement ne se bat pas volontiers en temps de guerre contre ceux de la même lignée. Mais ces existences nationales doubles – pour le dire avec modération – ne peuvent raisonnablement *représenter* un peuple qui n'a qu'*une seule* nationalité. [...]

Nous sommes donc entièrement dans notre droit, quand, en porte-parole de la *nationalité allemande indivisible*, nous

[34] L'histoire nous enseigne combien les mots sont loin d'être innocents. Goebbels reprendra sciemment ce terme pour titre se son journal.

rejetons le *dualisme national*, car le Juif est *en même temps* le représentant de sa nation *particulière* dispersée à travers le monde comme des nomades et des tziganes. [...]

Nos *hommes d'État* ont-ils déjà réalisé le fait que *la capacité de résistance* des Juifs contre d'autres peuples est plus grande que l'inverse ? Ont-ils familiarisé à ce fait leurs *électeurs* instruits, à demi instruits ou incultes ? – Nous n'avons besoin pour cela d'aucune haine des Juifs ; une saine compréhension humaine devrait suffire, pour ne pas faire de la nationalité juive *capable d'une telle résistance*, nos *législateurs* élus, nos *juges*, les *professeurs de notre jeunesse*, etc. Nous ne prêchons que la défense, aucun assaut. L'Allemagne ne périra pas, si aucun Juif ne siège au Reichstag, mais chaque Juif est *un élément de résistance* contre la pure, l'authentique, *l'inconditionnelle* nationalité allemande. [...]

Le slogan '*Ne votez pour aucun Juif !*' n'inclut qu'une pression morale contre l'expansion envahissante des Juifs. Un Reichstag sans Juifs est un signe clair que notre nationalité allemande indivisible est au-dessus de sa représentation par des *sujets mixtes* qui sont incapables, comme race et dans leurs visions du monde, de se séparer de l'Asie. C'est une démonstration contre l'*asiatisme* encore intact en Allemagne. [...] Le *sang asiatique* n'a pas sa place dans une nationalité allemande absolue. [...] L'antisémitisme ne disparaîtra pas du monde. Il est vieux déjà de 4000 ans et sa vie sera encore longue.[35] »

Aux yeux des antisémites qui, comme Marr, tentent de fournir une cohésion doctrinale à leur mouvement, la volonté d'exclusion des Juifs allemands de la vie politique devrait être le critère absolu de l'unité nationale, à laquelle l'empereur, le chancelier, le parlement semblent impuissants à parvenir. C'est du pouvoir qu'ils l'attendent : « Pour que l'État 'chrétien', le 'prince de la Maison' (allemande)

[35] Marr, *Lessing contra Sem...*, *op. cit.*, pp. 30 et suivantes.

puisse remplir sa mission de conserver la ‘paix du ménage’ (*Hausfrieden*) contre le ‘perturbateur’ (*Störenfried*) Sem, il doit avoir une base morale. Il doit voir que nous-mêmes *n'abdiquons* pas toujours davantage en faveur de Sem. Sans quoi l'État, c'est-à-dire le gouvernement, serait vraiment très sot de ne pas pactiser ou transiger avec le Juif entreprenant plutôt qu'avec l'Allemand moyen, indolent, chrétien et germanique. Nous n'avons d'autre instrument que le ‘droit de vote’ pour donner à l'État cette force morale. Ne l'exerçons pas à l'avantage du Juif. Que les ‘Juifs meilleurs’ travaillent à *réformer leur propre peuple*, voilà qui serait mieux que s'ils devenaient *nos législateurs, nos juges, etc.* et s'ils voulaient dominer le *réalisme* germano-chrétien. […] Point n'est besoin pour cela d'une haine de personnes ou de races. Il suffit de l'*estime de soi* de 45 millions d'Allemands. […]

Mais je veux rendre justice à Sem. ‘*Quand on marche sur le cor au pied d'un Juif, tout Israël crie.*’ Même si cela paraît risible, c'est bien un signe de confiance en soi ; suivez donc le conseil que vous donne Sem : ‘*Faites comme nous.*’ […]

Transformer le ‘*Cantique des cantiques de la Tolérance (religieuse), la parabole de Nathan le Sage, en Évangile du suicide socio-politique des nations – ne voilà certainement pas ce que Lessing a voulu !*[36] »

Si l'émancipation des Juifs de France avait été possible, c'est certainement parce que la Révolution de 1789 et l'empire qui lui succéda entendaient mettre fin définitivement aux guerres de religion, et que, malgré la répression, les protestants demeuraient actifs et invaincus. L'émancipation des Juifs suivit la leur. En Allemagne, rien de tel, et comme le texte de Marr le montre avec clarté ; pour dépasser la « lutte pour la civilisation » évoquée ci-avant, le recours (assez retors) au vieil adversaire « juif » est la carte que

[36] *Idem,* p. 43.

tentent encore de jouer tous ceux qui n'ont pas pris parti entre conservateurs et progressistes dans cette société qui a raté « sa » révolution (1848) et s'en remet au seul chauvinisme pour rattraper et battre ses concurrents européens.

Dix ans après le dernier brûlot de Wilhelm Marr, tous les efforts des antisémites pour établir un « front commun » semblent avoir été vains. Un document signé par l'un d'entre eux en dresse en 1895 l'amer bilan. C'est cette année-là qu'Erwin Bauer publie son livre : « Le déclin des partis antisémites. Un appel au mouvement national du Reich allemand, par un ancien antisémite.[37] »

Moins de deux ans après l'importante percée électorale des antisémites en 1893, le livre de Bauer est tout sauf un constat de victoire, bien au contraire. L'année suivante, les délégués des différents partis antisémites s'étaient réunis en octobre dans la ville d'Eisenach et y avaient proclamé la naissance d'un parti unique, le « Parti de la Réforme sociale allemande ». Pour combattre la social-démocratie, ce dernier adoptera également « son » Programme d'Erfurt en 1895. S'affirmant monarchiste et chrétien, il se sépara des agitateurs antisémites les plus bruyants, Otto Böckel et Hermann Ahlwardt. Mais l'antisémitisme n'en demeura pas moins la ligne d'un parti qui représentait toujours des intérêts trop contradictoires.

C'était bien là ce que Bauer avait mis en évidence : « Ce diagnostic, celui qui connaît les personnes et leurs relations devait le poser dès le printemps 1894, car dès le début de cette année-là, le déclin et la division des esprits s'amorçaient dans le mouvement antisémite. Nous reprenons publiquement ce diagnostic aujourd'hui, car la clarté et la vérité s'avèrent plus nécessaires que jamais, et parce que

---

[37] Erwin Bauer, *Der Untergang der antisemitischen Parteien. Ein Mahnwort an die nationale Bewegung im Deutschen Reiche, von einem alten Antisemiten*, Leipzig, 1895, G.A. Müller. Digitalisé sur le site de l'Université de Francfort s/Main.

l'antisémitisme lui-même et le courant national au sein du peuple allemand ne peuvent que gagner au déclin des partis purement antisémites, et nous sommes convaincus qu'ils y gagneront. [...]

L'observateur superficiel qui croit encore toujours à la possibilité de créer et de faire durer un grand parti purement antisémite est évidemment tenté d'attribuer le rapide déclin de l'unité proclamée à Eisenach aux querelles personnelles des 'dirigeants' et aux insuffisances apparentes de l'action unitaire, et il en trouvera une certaine confirmation dans les publications des fractions sur l'exclusion d'Ahlwardt, dans les déclarations de ce dernier et de son ancien ennemi juré, devenu aujourd'hui son ami, le Dr Böckel, dans les injures répugnantes des uns et des autres, et enfin dans le fait que les résolutions d'Eisenach ne résultent pas de la collaboration de *tous* les représentants des antisémites ; l'extrême gauche et l'extrême droite des groupes antisémites n'y étaient pas représentées, et la fusion ne fut au fond, comme nous le verrons, qu'un coup habile de deux dirigeants de cliques. La cause, en effet, en est bien plus profonde, et, pour le politicien qui pense en homme d'État mûri et formé par l'histoire, une foule de raisons, de causes, de circonstances et de faits, il est certain que le mouvement partisan antisémite, tel *qu'il se présente aujourd'hui*, est destiné au déclin et à l'effondrement complet, et qu'en conséquence les partis proprement antisémites ne peuvent avoir aucun avenir. [...]

Ce constat commence à s'imposer avec une force élémentaire dans tous les cercles nationaux du Reich ; l'évolution du mouvement antisémite nous a appris que l'on peut être un antisémite convaincu et en même temps un ennemi juré, voire mortel, d'autres antisémites aussi convaincus, et cela dans les questions les plus brûlantes de l'actualité. Et plus vite on se convaincra de l'impossibilité d'unir les antipodes politiques, socio-politiques et économiques en faisant de l'antisémitisme le commun dénominateur de tous les nationalistes du Reich, plus vite on s'apercevra que la construction de partis antisémites n'est *pas* la terre vierge sur laquelle édifier les lois réformistes et les institutions futures, que le temps et le travail que le patriote intelligent y a sacrifiés sont perdus et qu'ils contribueront au mieux à fournir le terreau culturel sur lequel pousseront les partis viables et nécessaires à la nouvelle époque qui émerge[38]. »

Ce retour aux contradictions réelles d'intérêts au sein d'un nouvel empire édifié par les armes suite à sa victoire sur l'Autriche en 1866 et sur son rival français en 1870, conduit notre antisémite allemand issu des classes moyennes déchirées entre le soutien aux autorités nationales, le refus du libéralisme économique effréné et de l'opposition socialiste organisée autour de la classe ouvrière, à rechercher cette introuvable « troisième voie » que l'on nommera plus tard la révolution conservatrice. Analyse presque « marxiste », dirait-on, si elle n'émanait au contraire des forces sociales les plus conservatrices, consciemment en quête d'un retour à l'ordre ancien, moyennant un minimum de concessions. Non l'antisémitisme, trop limité, mais le nationalisme, le principe directeur de la nationalité doit en être le ciment. Démentant le discours volontariste de Bebel, qui faisait de l'antisémitisme, même involontairement, un ferment révolutionnaire, Bauer, le véritable antisémite militant, nous montre ainsi le véritable pouvoir de la diversion anti-juive : un nationalisme rétrograde profondément antisocialiste. Plus exactement, ce qu'il appelle de ses vœux, c'est un nationalisme autoritaire germano-chrétien assimilant un « socialisme pratique ». Nous savons aujourd'hui que ces ingrédients seront ceux du nazisme ou « socialisme-national », dont seule la défaite militaire du Reich en 1918, ses conséquences désastreuses pour le peuple allemand, et une crise économique mondiale

[38] *Idem*, pp. 7 et 8.

permettront la conquête du pouvoir. Toute cette idéologie sous-jacente s'exprime dès 1895 dans le programme d'Erwin Bauer, impossible réforme d'un autre « Ancien Régime », encore accroché à tous ses privilèges de castes, doublé de la victoire durable de la Réforme religieuse luthérienne sur l'universalité catholique dans la majorité de sa population. Pour s'imposer, la nationalité germanique doit donc être radicalement anti-universaliste, anti-internationaliste, anti-cosmopolite.

« Le slogan 'Liberté, égalité, fraternité', que la Révolution française voulait offrir au monde occidental civilisé, a dégénéré d'une part en une tyrannie illimitée du grand capital international, et d'autre part en excès effrénés de la social-démocratie et de l'anarchisme ; la 'vision libérale du monde' et 'l'ordre économique de Manchester' ont lamentablement fait faillite ; la théorie du 'libre jeu des forces' a livré les économiquement et intellectuellement faibles et les bons à l'égoïsme impitoyable et à l'exploitation des économiquement et intellectuellement forts et des mauvais, les a laissés à leur merci ; elle a créé les masses innombrables du prolétariat ouvrier insatisfait et libéré l'agitation des faux-apôtres du 'quart état' qui espèrent, par l'effroi de la révolution sociale et violente, régner sur le peuple, parvenir à la célébrité, au pouvoir, à une confortable oisiveté ; elle seule porte la responsabilité, que les éléments qui sont grâce à elle parvenus au pouvoir, ces frères de la corporation boursière internationale, ont conclu une alliance étroite avec les gouvernants et la bureaucratie et ont fermé leurs oreilles aux exigences de la justice sociale et, maintenant, desséchés dans leur égoïsme, ces éléments tendent à l'accumulation artificielle du capital mobilier entre peu de mains, se mettent en possession du capital immobilier des États et des peuples, et placent, plus que cela ne s'est jamais produit, toute la force de travail de l'ensemble de la population productive sous leur esclavage. L'évolution historique elle-même s'est révoltée contre ce cheminement artificiel et pernicieux de la civilisation ; la conclusion, que l'excès de liberté dans la vie économique a conduit à la plus odieuse et oppressante de toutes les tyrannies, à la domination absolue de l'or, et, dans la vie politique, à l'hégémonie des masses incultes et sauvages, et y conduira sans cesse davantage, a engendré et fait croître le *socialisme pratique*, c'est-à-dire la doctrine du droit de tous contre l'arbitraire des individus ; et l'idée que l'internationalisme et le bonheur universel ne sont rien d'autre qu'une escroquerie, un fantasme de rêveurs doctrinaires, a fait surgir le *principe de la nationalité* et lui a donné un pouvoir évident. [...]

Cette triste image de notre situation générale se reflète aussi dans le mouvement antisémite. Né du courant national, dont le flot s'est amplifié dans la dernière guerre contre la France et a produit le seul nouvel empire allemand, et par l'opposition de la population laborieuse active au désastre économique du grand capitalisme, et à la spéculation boursière que nous devons à la théorie de Manchester, et à la législation libérale, ce mouvement antisémite n'a pu conduire qu'un court moment et dans certaines circonstances la partie du peuple qui est d'esprit nationaliste et disposée à des réformes sociales à travailler ensemble[39]. »

Suivent alors une quarantaine de pages consacrées à la description détaillée des différentes factions antisémites et de leurs divergences personnelles et programmatiques. Elles n'ont plus qu'un intérêt limité. La conclusion, par contre, mérite encore d'être méditée. Elle montre une fois de plus ce que recouvrait la dénonciation du Juif en ennemi intérieur et extérieur d'un nationalisme germano-chrétien qui serait d'essence aristocratique et de pratique sociale-réformiste. Au fur et à mesure qu'elle gagne des adhérents par la voie démocratique, par l'élargissement du droit de vote, c'est à la social-démocratie et à son internationalisme que

[39] *Ibid.*, p. 9 et suivantes.

s'oppose ou voudrait s'opposer le « mouvement antisémite national allemand » rêvé par Bauer. « Le combat très ancien des deux pôles opposés de l'histoire universelle, de la démocratie et de l'aristocratie, fut placé dans une phase nouvelle par le Message politique de l'empereur Guillaume Ier [17 novembre 1881, J. A.] et la législation sociale qui s'ensuivit. La haute mission qui incomba alors au mouvement antisémite national-allemand fut d'éveiller et de faire entrer dans la conscience des masses, que le véritable progrès ne consistait pas dans la démocratisation et la prolétarisation des peuples, mais dans l'aristocratisation de la masse. Il devint ainsi l'ennemi juré de la social-démocratie, ce fruit naturel du libéralisme et de ses géniteurs, la vision du monde libérale et le capitalisme sauvage à la Manchester. Car la social-démocratie est aujourd'hui la représentante énergique et conséquente de la pensée démocratique ; là où des idéalistes y collaborent encore, elle croit toujours élever les peuples et les rendre heureux, en écartant complètement les privilégiés, les gens instruits ou les meilleurs, par une égalisation de tous, non seulement sur le plan matériel, mais aussi au niveau intellectuel et moral ; mais dans la mesure où dominent les instincts plébéiens des masses souffrantes et incultes, elle espère, par une destruction radicale de l'ordre établi, par la libération de toute autorité et par la répartition des richesses existantes, instaurer le bonheur, dans lequel tout au moins les opprimés et dominés d'aujourd'hui trouveraient leur compte. Il est cependant clair que tant les idéalistes que les sociaux-démocrates visant à la domination de la plèbe ne produiraient finalement que la fin de toute civilisation, le nivellement et l'enlisement des peuples, la destruction, le chaos et une monstrueuse régression, si leur mouvement connaissait une sanglante victoire[40]. »

---

[40] *Ibid.*, p. 52.

Et, logiquement, à ses yeux, le mouvement antisémite ne commit pas plus grave erreur que de combattre en même temps le « Juif » et le gouvernement, servant ainsi indirectement la montée de la social-démocratie. « Les '*Führers*' des partis antisémites, dans la mesure où ils n'étaient pas d'emblée démocrates et prolétaires, perdirent la compréhension de leurs objectifs principaux, car ils se virent contraints de ne pas tourner leurs exigences pratiques uniquement contre leurs ennemis naturels, à savoir le capitalisme international et le judaïsme, d'une part, et la social-démocratie, d'autre part ; ils firent l'erreur de s'opposer aussi au gouvernement[41]. »

Le conservateur intelligent, même antisémite, découvre ainsi que le mouvement auquel il a appartenu a entraîné avec lui quantité d'éléments troubles et incontrôlables et que ses slogans n'ont pas eu la capacité rassembleuse espérée. Ce qu'il faut empêcher, c'est la démocratie elle-même et son institution étatique : des élections de plus en plus ouvertes et représentatives. Le « droit de vote », voilà ce que le gouvernement a le devoir d'encadrer et de réorienter par « une réforme de la constitution avec une réorganisation corporatiste de notre peuple sur des bases aristocratiques ![42] »

Dans les faits, les parlementaires antisémites connurent encore un relatif succès en 1898 et engrangèrent encore – système électoral aidant – 13 mandats, grâce à quelques candidats bien ancrés dans leur milieu rural ou artisanal. Mais le mouvement, comme Erwin Bauer l'avait observé, était sur la voie d'un déclin inéluctable, dont il avait bien noté les causes dans l'évolution concrète des rapports sociaux. Plus ou moins engagés dans le processus de transformation capitaliste, les États européens rivaux connaissaient tous la tentation de la diversion antisémite, plus ou moins

---

41 *Ibid.*, p. 54.

42 *Ibid.*, p. 62.

performante – du point de vue de ses promoteurs – selon la place que l'exception « juive » jouait encore, symboliquement ou réellement, dans leur imaginaire ou leur fonctionnement réel, religieux, social ou économique. Comme les forces économiques dominantes bouleversent tous les États, leurs fragiles équilibres intérieurs et leurs relations extérieures, la malnommée « question juive », même très marginale, y apparaît partout, internationale par excellence du fait de la filiation chrétienne issue de la croyance juive. Dans cette phase historique particulière que nous venons d'esquisser, s'est opéré un véritable transfert des conflits religieux dits de « civilisation » vers l'instance politique : anti- ou pro-sémitisme ont pris la place de l'anti- ou pro-judaïsme, dans le langage et plus largement dans toutes les formes de représentation de soi des sociétés humaines. Le pouvoir, quel qu'il soit, ne peut se passer de cette histoire idéelle incluse dans l'histoire matérielle. Bebel, qui avait lu Guyot et Lacroix, savait pertinemment que Louis XIV, le dernier monarque dit « absolu » avait confié à Bossuet la formation de son fils à l'exercice de ce pouvoir qu'incarnait encore idéalement Guillaume Ier pour Erwin Bauer. Et qu'enseignait Bossuet au Dauphin de France, 80 ans avant la Révolution française ? Que la politique doive être tirée de l'Écriture sainte et que le modèle en demeurera éternellement celui du peuple de Dieu.

« Tout ce que Lacédémone, tout ce qu'Athènes, tout ce que Rome, pour remonter à la source, tout ce que l'Égypte et les États les mieux policés ont eu de plus sage, n'est rien en comparaison de la sagesse qui est renfermée dans la loi de Dieu, d'où les autres lois ont puisé ce qu'elles ont de meilleur. Aussi n'y eut-il jamais de plus belle constitution d'État que celle où vous verrez le peuple de Dieu. Moïse qui le forma de toute la sagesse divine et humaine dont un grand et noble génie peut être orné, et l'inspiration ne fit que porter à la dernière certitude et perfection ce qu'avaient ébauché l'usage et les connaissances du plus sage de tous les empires et de ses plus grands ministres, tel qu'était le patriarche Joseph, comme lui inspiré de Dieu.[43] »

Tous ceux qui se penchent sur la condition juive moderne devraient bien repartir de ce jalon dans l'esprit du pouvoir le plus absolu de l'Ancien Régime renversé par la Révolution de 1789, celui d'une monarchie condamnant l'Édit de Nantes, le premier édit d'émancipation (des Réformés) pour revenir sous la tutelle morale inconditionnelle de la papauté. Ce qui n'empêchera pas – car Dieu n'est pas tout-puissant – ce régime de sombrer. Tous ceux qui se réfèrent aujourd'hui à un antisémitisme prétendument éternel feraient bien de rejeter cette idée stupide parce que contraire aux faits : sur le plan symbolique des valeurs divines, la civilisation chrétienne a toujours présenté cette ambivalence de jugement ; les « Juifs » y sont alternativement le bien et le mal. Ce qui marque la rupture d'après Bossuet ou de la Révolution française, c'est qu'ils deviennent le bien ou le mal « politiques ». L'Église est tenue de s'y adapter, comme nous le verrons, dans le pays de la Révolution, avec le catholicisme rationalisé d'Ernest Renan, excommunié par le Vatican mais finalement triomphant. Car le moment semble venu pour nous de quitter l'Allemagne, de franchir les frontières d'ailleurs très mouvantes, pour relativiser l'antisémitisme allemand ou plus généralement germanique (celui de l'Autriche-Hongrie par exemple), à l'aune du tournant théologico-politique qui s'opère partout autour de cette référence juive incontournable. Ce qui la différencie de ses manifestations antérieures – et la différence est de taille –, c'est que la présence physique des adeptes affirmés de la religion de Moïse, quasiment insignifiante vers 1550 environ, est revenue perceptible en Europe au sein de

---

[43] Jacques-Bénigne Bossuet, *Politique tirée des propres paroles de l'Écriture sainte, à Monseigneur le Dauphin,* Paris, 1709, Pierre Cot, p. 3.

communautés relativement autonomes ayant les mêmes conflits politiques internes et externes que les entités politiques qui les englobent. L'idée d'une permanence « antisémite » prend sa source dans ce contexte ; elle concerne aussi bien les autorités juives que non juives, et peuvent servir ou desservir les deux parties en présence. Cette dialectique ne pourra que se renforcer avec l'affirmation, des deux côtés, d'ambitions nationales, c'est-à-dire de la maîtrise politique de territoires conquis ou convoités.

Commençons donc par retraverser le Rhin en sens contraire des idéaux révolutionnaires, et après que ceux-ci eurent déjà rencontré de nombreux courants réactionnaires anti-émancipateurs, à commencer par la remise au pas de l'empire napoléonien.

7. Ernest Renan, père et fils de Sem

Le penseur français occupe une telle place dans l'élaboration du *sémitisme*, du mythe de Sem, ancêtre putatif d'une descendance de peuples dotés de propriétés innées, mythe savamment dérivé de considérations linguistiques, la langue étant supposée contenir tous les développements de la pensée –, que son évocation semble incontournable dès qu'il est question de l'*antisémitisme,* ce néologisme qu'il eut encore l'occasion de connaître, nous le verrons, à la fin de sa vie. D'autres linguistes s'étaient intéressés avant lui aux langues dites indo-européennes, aux sources des langues les plus couramment parlées en Europe, et c'est à ces dernières qu'il opposa en contrepoint, comme l'avaient fait déjà quelques chercheurs allemands, des langues sémitiques. Une coupure dans l'histoire supposée de la civilisation, lourde de conséquences politiques, par le biais, essentiellement, du vieux fond religieux monothéiste.

Par commodité, je partirai d'un texte d'une quarantaine de pages que ce défenseur d'un catholicisme libéral réformé publie en 1860 sous le titre : *De l'avenir religieux des sociétés modernes.*[44] La question centrale de ce court texte (par rapport aux 12 volumes de son histoire du christianisme et ensuite du judaïsme !) y est bien résumée : « Peut-on croire qu'il apparaîtra une forme religieuse nouvelle, expression complète et originale des besoins des temps nouveaux, ou bien ces besoins chercheront-ils à se satisfaire en modifiant diversement les cultes existants ? En d'autres termes, en dehors du judaïsme, du christianisme, de l'islamisme, qui occupent à eux seuls depuis douze cents ans le champ clos de la civilisation, se formera-t-il une autre

[44] « Revue des Deux Mondes, tome 29, 1860, pp. 761-797. En ligne, sur Wikisource.

religion n'ayant pas plus de lien avec ces trois-là que Jésus n'en eut avec Moïse, et Mahomet avec Jésus ?[45] »

Catholique breton de naissance, Renan se consacre en priorité à l'avenir de la croyance dans laquelle il a pieusement été élevé et à sa contestation protestante. Dans la France prérévolutionnaire, seules ces deux branches de la chrétienté ont joué un rôle religieux important ; la référence à leurs sources juives supposées n'y est encore qu'un enjeu interne de cette lutte fratricide. La Révolution française, élargissant – par l'émancipation des Juifs suivie du Sanhédrin impérial – la problématique des rapports théologico-politiques, le paradoxe veut que la réflexion de Renan s'appuie cette fois directement sur l'œuvre importante du premier penseur juif de l'émancipation, l'étonnant Joseph Salvador (1796-1873), dont il me faudra donc bien dire un mot. D'origine marrane par son père, catholique par sa mère, Salvador appartient ouvertement au judaïsme émancipé. C'est en Juif qu'il traite du christianisme et de son fondateur, dans une série de recherches qui culminent dans la somme dont Renan est parti : *Paris, Rome, Jérusalem ou la question religieuse au XIXe siècle*[46]. Je reviendrai sur cette œuvre de plus de 1000 pages et sur son étonnant destin, complètement refoulé par le récit nationaliste juif – surtout sioniste et dans sa version post-génocidaire radicalement anti-émancipatrice. Lisons-la d'abord avec les yeux de Renan et à travers son vocabulaire qu'il conviendrait aussi de laver de tout anachronisme. Du fait de sa longue histoire, rien de ce qui a trait au judaïsme n'est exempt de confusion et d'ambiguïté ; Renan y ajoute une notion proprement moderne, celle de la race, sans que, insistons-y encore, aucun trait biologique ne s'y attache, au sens d'une science encore à venir. La race est tout entière définie par le concept de

---

[45] *Idem*, p. 763.

[46] Joseph Salvador, *Paris, Rome, Jérusalem...*, Paris, 1860, Michel Lévy.

« génie », puissance naturelle instinctive censée précéder et s'opposer aux méthodes de pensée analytiques abstraites. Pour Renan, Salvador est d'une autre espèce que la sienne ; comme il l'écrit, c'est à « la race des Sémites » que ce dernier appartient, il en a « la nature » et « les dons ». Notons d'ailleurs, et ce n'est pas sans intérêt politique, que Salvador les partage (sans doute bien malgré lui) avec les Arabes, incarnés par la révolte armée récente d'Abd el-Kader en Algérie, événement qui traduirait « l'arrière-saison sémitique[47] ». Et Salvador, en effet, ne tarit pas d'éloges envers la résistance héroïque des Hébreux aux Romains de Titus ou de ses successeurs.

Cette catégorie de « race » s'assouplit d'ailleurs selon les besoins de la critique religieuse de Renan. Cette fameuse (fumeuse) race indo-européenne ne tarde d'ailleurs pas à se démembrer progressivement en races latine, germanique, gréco-slave, anglo-saxonne, et en curieuses combinaisons théologico-politiques comme le « christianisme germanique et celtique ». Le plus étonnant ne serait-il pas l'aveu extraordinaire de ce pseudo-scientifique toujours entraîné par son éloquence : « Si vous le (Salvador) prenez par le côté de l'exactitude et de l'esprit positif (= scientifique), vous le trouverez bizarre, souvent puéril. Ses combinaisons, empreintes de ce genre d'imagination abstraite qui caractérise le peuple juif, sont souvent arbitraires, et rappellent Philon et la *cabbale.* Son style, admirable quand il répond à une vive inspiration, est souvent inégal et dur ; mais il faut se rappeler que la première condition pour des combinaisons fécondes, c'est l'à-peu-près.[48] »

---

[47] Je reviendrai sur ce rapprochement à propos de la première théorie complète de l'antisémitisme développée par l'avocat belge Edmond Picard en 1892.

[48] Ernest Renan, *De l'avenir religieux des sociétés modernes*, *op. cit.*, p. 764.

Comment un débat théologique, même au-delà de ses aspects polémiques, pourrait-il disposer de bases objectives puisqu'il traite de croyances, c'est-à-dire repose sur des critères arbitraires absolus liés à une divinité bénéfique, tout effet maléfique et toute contradiction en étant par définition exclus. Et quand, de surcroît, le langage utilisé par les contradicteurs se réfère à des dogmes, sans contexte verbal ou circonstanciel, il ne reste que « l'à-peu-près » interprété, c'est selon, positivement – un trait de génie – ou négativement – un acte de folie passagère ou durable.

Or Salvador ou Renan ont en vue des objectifs pratiques auxquels leurs visions peuvent être confrontées, et leurs contemporains ne se sont pas privés de leur faire remarquer. Quand Salvador publie à la fin de la Restauration, en 1828, son *Histoire des institutions de Moïse et du peuple hébreu*[49], ce n'est pas par souci d'exégèse intemporelle qu'il le fait, mais parce que la Révolution, l'Empire et la Restauration monarchique ont modifié de fond en comble le devenir de toutes les institutions légales en Europe. Les Juifs allemands en ont aussitôt compris l'enjeu, et le livre qui l'introduit dans la Confédération germanique est significativement préfacé par l'homme qui y incarne le judaïsme libéral le plus progressiste à la recherche de l'émancipation légale promue par la France voisine : Gabriel Riesser[50]. On ne comprendrait rien au futur mouvement antisémite, si l'on ne l'inscrivait pas dès ce moment dans la rivalité franco-germanique, véritable clé de la crise qui va s'abattre sur la

---

[49] Joseph Salvador, *Histoire des institutions de Moïse…*, Paris, 1828, Ponthieu. 3 Volumes. Encore réédité en 1862. Voir à ce sujet : Joël Sebban, *Une controverse judéo-chrétienne dans la France du XIXe siècle : l'œuvre scandaleuse de Joseph Salvador.* Sur le site : journal.openeditions.org/rh19/4163

[50] Gabriel Riesser (1806-1863), Ce juriste juif a publié en 1831 *Über die Stellung der Bekenner mosaischen Glaubens in Deutschland* (De la condition des fidèles de confession mosaïque en Allemagne). Il sera vice-président du parlement de Francfort en 1849.

judéité européenne. Comment Riesser voit-il alors l'intervention de son coreligionnaire français ? « Dans l'absolu, ce livre prend un caractère particulièrement interpellant pour nous Israélites allemands, à qui la liberté fait si cruellement défaut, par le fait qu'on y ressent qu'il est issu d'une liberté si heureusement conquise et si joyeusement acquise. [...] Ce bel enthousiasme pour les institutions de la patrie, mêlé à l'admiration de son propre passé religieux, ne peut s'épanouir de la sorte que là où l'État n'opprime pas la religion ; là où tous deux se situent, l'un envers l'autre, dans une relation libre, noble et digne. Le caractère si entièrement français et entièrement israélite du livre, l'esprit de l'auteur, tellement empreint de cette civilisation nationale qui fait la France du XIXe siècle et plein du bien et du bon que lui procurent ses propres traditions religieuses, l'interpénétration étroite de ces deux éléments que les ennemis de la liberté de conscience, ces défenseurs d'une fausse nationalité allemande basée sur un conflit sans issue –, tout cela nous dépeint l'auteur comme l'un des plus nobles représentants des Israélites de France, et nous laisse voir son œuvre comme l'un des plus beaux fruits de la liberté et de l'égalité de droits qui y sont garanties.[51] »

Dans la France postrévolutionnaire de Salvador, la liberté de pensée, la liberté de presse, bref la libre critique des opinions est déjà un fait acquis, qui mettra longtemps encore pour s'imposer dans les territoires germaniques. Dans son livre déjà cité sur les institutions de l'ancien peuple hébreu, un chapitre fait aussitôt l'objet de ces controverses qui auraient été réprimées sous l'Ancien Régime et auraient valu de surcroît à l'auteur la Bastille ou la condamnation à mort : *Jugement et condamnation de Jésus.* Signe des temps nouveaux, c'est un catholique aux idées

[51] *Geschichte der Mosaischen Institutionen und des jüdischen Volks von J. Salvador, übersetzt von Dr Essenna,* Hambourg, 1836, Hoffmann und Campe. Préface de G. Riesser, p. XIV.

libérales qui lui répond aussitôt, le procureur général auprès la Cour de cassation, André Marie Dupin, grande autorité juridique sous les différents régimes successifs d'après 1815[52]. Et ce qui frappe dès l'introduction de Dupin, c'est l'aménité du ton : « L'auteur (Salvador), que je connaissais personnellement, et pour le talent duquel j'ai beaucoup d'estime, me donna son livre en me priant d'en rendre compte. Ainsi c'est *à sa demande*, et non par esprit d'hostilité, que je me suis livré à son examen. [...] Le peuple juif a exercé une influence si grande sur les sociétés humaines ; son existence offre de si singuliers contrastes, et ses annales ont été si souvent invoquées au profit du despotisme théocratique, qui les regarde comme les titres fondamentaux de ses droits, que M. Salvador a jugé convenable de soumettre à un nouvel examen sa législation et son histoire. [...] Le résultat de ses recherches a été que les idées généralement répandues sur l'organisation primitive et l'histoire des Hébreux, étaient pour la plupart erronées ; que l'importance accordée à la partie merveilleuse, et la manière dont nous étions entretenus de ces récits dès l'enfance, avait vicié les opinions, et fait négliger tout ce qu'il y avait de plus positif, de plus intéressant et de plus curieux dans les recueils sacrés et dans la destinée de ce peuple, surnommé *le peuple de Dieu.*[53] »

Qui ne sera frappé d'emblée par la nouveauté du débat et par le respect mutuel, que l'on retrouve aussi entre Renan et Salvador. Je l'ai dit : Renan, en 1860, fondait son interrogation de l'avenir des religions sur l'ouvrage autrement ambitieux que Salvador venait alors de publier, et dont il me paraît indispensable de traiter plus en détail, tant son influence propre et celle de ses continuateurs furent

---

[52] A. M. Dupin, *Jésus devant Caïphe et Pilate. Réfutation du chapitre de M. Salvador intitulé : Jugement et condamnation de Jésus*, Deuxième édition, Paris, 1840, E. Garnot.

[53] *Idem*, pp. IX, 1, 2, 3.

considérables. Je traiterai de ces derniers à travers deux personnes en particulier : le colonel Gabriel (Daniel Lévy) Salvador, son neveu et biographe en 1881 ; James Darmesteter, l'auteur de *Les prophètes d'Israël* en 1892, tous deux caractéristiques de la judéité française avant l'antisémitisme politique et l'Affaire Dreyfus.

Évoquer comme le fait Joseph Salvador la question religieuse au XIXe siècle, en opposant trois capitales à haute valeur symbolique, Paris, Rome et Jérusalem, c'est évidemment opposer la première aux deux autres, c'est-à-dire « la » ville de la révolution politique la plus radicale à deux modèles idéaux d'unité morale censée légitimer les autorités garantes de l'ordre social. Toute l'Europe, en effet, observe des bouleversements qui menacent de faire tache d'huile. Les campagnes militaires ont porté Napoléon jusqu'aux portes de Moscou, et seule la puissance militaire britannique a limité son influence outre-mer. Ce qui frappe chez cet auteur, c'est son extraordinaire conscience du temps, son insertion dans une chronologie aux effets inéluctables. Son livre est rédigé en courts chapitres, tous datés depuis juillet 1848 – un nouveau rebond révolutionnaire – jusqu'au 5 janvier 1856, les deux volumes paraissant simultanément en 1860. Profondément idéaliste, comme tout adepte d'une religion, Salvador voit la sienne, le judaïsme, contrainte d'adapter son nom et ses « attributs historiques » à « l'esprit des nouveaux jours », renouvelant ainsi « son autorité légitime » et son « énergie » (p. 19). Partant de l'expérience du premier empire, il écrit : « Il a été amené, l'auteur du premier concordat [Napoléon, entre Paris et Rome], à la règle d'après laquelle toute révolution politique, générale, sociale, exige, tôt ou tard et providentiellement, une transformation religieuse correspondante ; il a été amené à confesser qu'une société d'ère nouvelle, qu'un monde nouveau ne peut rester longtemps sous la main d'une Jérusalem de moyen âge, sous l'autorité d'une théorie spirituelle affectée à un ordre pratique ou à un régime positivement renversé.[54] » Salvador, né d'un père juif et d'une mère catholique, n'a apparemment pas d'autre souhait que de marier ses sources spirituelles et de les actualiser « socialement » ; ce sera son combat, dans ces limites précises, teintées de rationalité, c'est-à-dire avec une méthode qui voit son Dieu, Iahvé, comme le principe des principes, le principe premier de tout ce qui est. Là, dans le renouveau d'une spiritualité inspirée, se trouverait la condition du retour à la vie tant espéré du peuple-spectre, un bond merveilleux de quelque 1.800 ans, du monde antique au monde moderne, par-delà tous les avatars de la branche chrétienne et même musulmane, dont il a fait l'étude, toutes deux obligées au même effort d'actualisation. Mélange de réalisme politique et de prophétisme romantique. Les Juifs réels, ses contemporains, reviendraient de la sorte à la vie réelle : « Transportons-nous à l'époque où toutes les populations seront montées au rang de vrais peuples, à l'époque où elles auront acquis et conquis la pleine conscience de cette manière d'être. Alors, et pour former l'église des églises, l'assemblée, la Jérusalem universelle des nations, pour satisfaire au vœu du premier annonciateur de ce grand corps messianique, n'y aura-t-il pas une nécessité correspondante ? Ne faudra-t-il pas recourir à un peuple pontife et vieillard, à un peuple qui n'ait jamais laissé prescrire ni sa volonté ni son droit, qui ait été éprouvé plus que tout autre par le malheur et par les larmes ? Ne faudra-t-il pas recourir à un peuple dont la noblesse généalogique et l'antiquité l'emportent sans contestation possible sur la noblesse et l'antiquité d'aucune famille de rois, d'aucune grande race ; à un peuple, enfin, qui possède par essence la légitimité légitime, celle de la loi, et qui soit en état de répandre sur tous les autres peuples assistants, sur tous ses frères et ses pairs

[54] J. Salvador, *Paris, Rome, Jérusalem…, op. cit.* p. 223.

de nouvelle formation, son vieux souffle de législateur et sa sainteté native de prêtre ?[55] »

Qui, avant Salvador, avait tenu un tel discours, dont les variations, après lui, rempliront des bibliothèques entières ? Les Juifs – ou Israélites nouveaux en opposition aux Hébreux antiques – se disperseront, quoi de plus logique, en un éventail d'adhésion, de rejet ou d'indifférence, d'engagements avec ou contre les différents objectifs sociaux, civils et politiques des autres peuples, en un chassé-croisé des plus compliqués, vu la multiplicité des situations locales, des alliances ou conflits qu'elles allaient susciter. Ce que Salvador, après 1848, a parfaitement compris, c'est que les Juifs aussi devront se positionner face aux nouveaux principes du politique : la république, la démocratie, le socialisme. « En théorie comme en pratique, en politique comme en religion, il est des noms d'hommes, d'idées, de choses qui imposent tout un esprit de conduite, qui résument ou provoquent toute une histoire.[56] » Mais, de fait, les événements ne se déroulent pas comme il l'avait cru ou espéré ; en trois ans à peine, les espoirs de 1848 ont été dénaturés et trahis, et par le coup d'État du 2 décembre 1851, le président de la République est devenu le nouvel empereur des Français, Napoléon III que Hugo baptisera « le Petit ». Salvador ne fut pas le premier surpris, car si l'on pouvait penser 1789 comme l'aboutissement de siècles de maturation et de progrès, ceux-ci semblaient brusquement marcher à reculons et régresser. La réaction s'installait partout, et le futur « antisémitisme », près de trente ans après, n'en sera pas le fruit le moins amer.

À partir de là, Salvador s'égare, et voyant les tentations impérialistes se diriger vers l'Orient et hésiter entre l'alliance avec l'Empire ottoman ou la tentation d'aider à son déclin ou à son démembrement, il rêve que le judaïsme

[55] *Ibid.,* p. 365.
[56] *Ibid.*, tome second, p. 365.

puisse saisir l'occasion et devenir l'architecte d'un nouveau Temple : « À la faveur de ce nouveau souffle, les grandeurs monumentales de l'Égypte peuvent être dépassées. Par des combinaisons qui ne sont pas de mon ressort, la vallée de Josaphat, transformée en galerie sacrée, ne constitue elle-même qu'une des parties du nouveau temple. Mais c'est dans son sein que la résurrection naturelle promise aux nations, que leur assemblée universelle et régulière se produiront avec une pleine majesté ; c'est là du moins que l'idée messianique, la parole des anciennes Écritures trouvera définitivement à s'accomplir : *novum fœdus,* nouvelle alliance ![57] » Étonnante lecture des événements à la lumière des croyances monothéistes, dans laquelle, Salvador le pense, les Juifs retrouveraient leur place privilégiée de pères fondateurs aux côtés des chrétiens, voire même des musulmans. Leur prescience prophétique les aurait dotés des clés divines d'interprétation de l'avenir. « Sous le titre *Question d'Orient*, le signal officiel a été imprimé au nouveau mouvement de l'Europe sur l'Asie. Si de graves circonstances en ont ralenti les effets, rien ne saurait l'arrêter. Dans le siècle dernier, et pour ce qui concerne la France, ce mouvement avait été déjà préparé, sous le Directoire, par la grande expédition d'Égypte ; dans notre siècle, et sous la Restauration, par l'indépendance de la Grèce, Navarin[58] et la conquête de l'Algérie ; ensuite, sous la révolution de Juillet, par les efforts déployés en faveur de notre influence dans l'antique royaume des Pharaons. Aussi est-il prescrit (?) désormais à l'Occident de se reporter avec de nouvelles vues et une nouvelle science sur les mêmes rivages, dans le même lieu où les sources de la religion des Écritures, où les inspirations originelles de la sagesse des nations sont encore si abondantes, si vivantes. Déjà Jérusalem n'est plus à la

---

[57] *Ibid.,* tome second, p. 348.
[58] Port de Grèce où les Anglais, Français et Russes détruisirent la flotte turco-égyptienne en 1827.

circonférence, mais bien au centre du monde civilisé ; car, à mesure qu'on marche vers elle de nos climats occidentaux, une autre section du monde civilisé prend cette cité à revers. D'une part les porte-étendards de la Bible [les Anglais], d'autre part la Russie, se tournent de son côté des profondeurs de l'Orient où leurs établissements ont conquis une étendue si considérable.[59] »

Dans les « signes » au travers desquels Salvador s'efforce de décrypter les intentions de Dieu, figure aussi un élément nouveau, le vrai ferment du changement, le troisième de la trinité profane : république, démocratie, socialisme. « Mais dans cette triplicité de noms, et c'est là surtout que le signe réside, le principal retentissement n'a pas appartenu aux deux premiers, république et démocratie, qui étaient vieux et qui avaient été tournés et retournés depuis des siècles. Cette force de manifestation, ce retentissement s'est comme concentré dans le troisième nom, le plus nouveau, celui de *socialisme* (souligné par l'auteur). Aux yeux de ses propagateurs et quelle que soit la confusion dont ils font preuve dans la manière de s'en expliquer, le socialisme emporte hautement l'idée d'un nouveau dogme, d'une nouvelle forme ou économie à introduire dans la famille du genre humain ; il emporte l'idée d'une nouvelle religion ; il fait suite avec plus d'étendue et d'intensité aux essais de nouveaux cultes tentés depuis les premiers jours de la Révolution française. Ce n'est encore qu'un mot, qu'un nom ; mais un nom qui renferme le projet conçu et exprimé de se substituer au nom de toutes les formes actuelles de la religion, ou de leur faire subir les transformations les plus profondes.[60] »

Pas besoin d'en dire davantage. Le lecteur aura bien compris que pour notre nouveau « prophète » israélite français, aux slogans abstraits de la révolution : liberté, égalité,

---

[59] *Ibid.,* p. 358.
[60] *Ibid.,* p. 368.

fraternité, succède une lutte de pouvoirs entre couches conservatrices et couches sociales nouvelles et leur représentation politique dans un système démocratique encore en gestation. Comment la recomposition religieuse n'en porterait-elle pas la marque ? « À la différence des premiers chrétiens qui se recrutaient dans les classes populaires malaisées, ou parmi ceux qui faisaient, sans restriction, le sacrifice de leurs biens, le mouvement religieux actuel se propage surtout dans les classes supérieures. C'est bien plus la peur du socialisme qui les y entraîne que la peur sérieuse de l'enfer.[61] »

Trop proche du pouvoir, le catholicisme, ayant fait alliance avec l'Empire romain, paraît à Salvador sur le point de passer un nouveau pacte conservateur avec la réaction du Second Empire. Il en verra la preuve dans la vague d'apparitions surnaturelles et dans le culte de la Vierge immaculée qui se développent alors. Ne va-t-il pas jusqu'à lui vanter les vertus du dogme mosaïque originel, qu'il qualifiera plus tard d'« esprit de transaction » ? « Il est incontestable que le socialisme est la première cause de la recrudescence (religieuse) actuelle, que le socialisme est la grande affaire du jour, et qu'on n'acquiert pas sans quelque motif le droit de tenir le monde préoccupé et en suspens. Il est certain aussi que le socialisme a eu et a pour effet de provoquer une sorte d'épouvantement. Or nulle des branches actuelles de la religion des Écritures n'est à savoir que ces épouvantes générales sont un des signes précurseurs des grandes révolutions d'esprit exigées par la Providence.[62] » Le judaïsme, religion de l'unité par excellence sera chez Salvador la pierre angulaire de tout dogme renouvelé.

La dernière lettre du livre de Salvador, la quarante-troisième, s'efforce de conclure quatorze années d'observation à chaud d'une situation très mouvante, d'une révolution

---

[61] *Ibid.,* p. 396.
[62] *Ibid.,* p. 399., le privilège divin

jusqu'à, déjà, un Second Empire. Il l'articule autour de trois axes qu'il résume de la sorte : l'autorité des faits, la sainteté de la pensée, le privilège divin des circonstances autant que de leur interprétation raisonnée. Croyant, Salvador place au pouvoir du principe créateur tout ce qui advient aux hommes. Mais il aurait été donné à un certain nombre d'entre eux une « sève originelle et créatrice » toujours disponible dans leurs textes sacrés, et dont l'éternelle leçon resterait valable pour l'humanité tout entière.

Ce qui chez lui s'exprime de façon essentiellement théorique jusqu'en 1860 se laisse interpréter de façon plus large à la lumière de la vaste biographie que lui consacre son neveu, en homme d'action plus directement impliqué dans la politique de son temps. Joseph Salvador meurt en 1873, après la chute de l'Empire de Napoléon III, après la Commune et la Guerre franco-prussienne, perdue par la France, mais dont les répercussions sur le destin de l'Europe sont encore incertaines. Son neveu, Gabriel (Daniel Lévy) Salvador, après une carrière militaire qui l'a conduit en 1869, à la fin du Second Empire, au grade de colonel, consacre sa retraite à la biographie de son oncle, au penseur dont il se réclame et dont il confronte les vues à celles de ses contemporains, au devenir de la France, à nouveau républicaine, et aux aspirations de ses Israélites. Nous sommes en 1881, quand sort de presse *J. Salvador, sa vie ses œuvres et ses critiques*[63]. Ce rappel des circonstances n'est évidemment pas indifférent à notre recherche générale, puisque c'est bien dans ces années-là (1879-1881) que naît officiellement l'antisémitisme politique, inconnu jusqu'alors, et dont tous les événements ultérieurs jusqu'à nos jours, consciemment et inconsciemment, contribueront à effacer le contenu et les limites. Ernest Renan, déjà évoqué, autant que son disciple juif James Darmesteter compléteront cette époque qui se

---

[63] Colonel Gabriel Salvador, *J. Salvador, sa vie, ses œuvres et ses critiques,* Paris, 1881, Calmann Lévy.

clôt, moins de quinze ans après l'apparition du néologisme bizarre, *antisémitisme*, par les deux premières synthèses d'un mouvement qui n'a, hélas, pas fini de faire parler de lui.

8. Religion, politique et science

Le grand mérite de l'ouvrage que le colonel Salvador consacra à son oncle, outre l'examen du développement chronologique de sa pensée, fut de la confronter aux critiques de son temps, venus essentiellement des milieux catholiques libéraux, puisque le projet de l'auteur de *Paris, Rome et Jérusalem* relevait d'une démarche œcuménique, d'une actualisation religieuse « judéo-chrétienne » postrévolutionnaire incluant une dimension sociale plus affirmée.

Comme l'écrit Gabriel Salvador, notre officier français israélite : « Après Lacordaire, et comme lui, le père Gratry a regardé la révolution en face. Qu'est-ce donc que la révolution ? À cette question, il répond sans hésiter : 'La révolution, comme tous les grands mouvements qui se produisent dans l'humanité, a pour principe Dieu même. C'est Dieu même, dit-il, c'est notre Seigneur Jésus-Christ qui veut d'une volonté toujours plus forte, à mesure que le monde avance, la liberté croissante de tous les hommes et de tous les peuples, dans la justice et dans la vérité.'[64] »

Gabriel Salvador dit encore : « Il (le père Gratry) voit dans un avenir éloigné mais certain, le christianisme entrer dans sa *face sociale* (souligné par l'auteur). Une nouvelle et universelle croisade appelle les hommes à la conquête de la paix et de la justice. Les nations qui, suivant ses belles paroles, sont cohéritières, solidaires et concorporelles (*sic*), s'unissent en une alliance qui finit par comprendre toute l'humanité. [...] Entre ce qu'on a appelé les mystiques extases du père Gratry, et ce qu'on a appelé aussi les visions bibliques de M. Salvador, n'y a-t-il pas un sentiment de

[64]*Idem,* p. 280. Alphonse Gratry (1805-1872), prédicateur chrétien, restaurateur de l'Ordre de l'Oratoire supprimé par la révolution, a réfuté en 1864 l'interprétation de la figure de Jésus par Renan. Il est l'auteur d'un *Catéchisme social*, republié sous le titre : *Les Sources de la régénération sociale*, Paris, 1871.

communion dans la religieuse espérance du progrès de l'humanité ?[65] »

Mais en regard du rapprochement idéologique du réformateur juif Joseph Salvador et d'une branche libérale du catholicisme français, notre colonel, son neveu, mesure très bien la résistance à ce parallèle dans le camp du conservatisme chrétien représenté à l'étranger par le Vatican et l'instauration du pape en gardien « infaillible » du dogme, et par ses homologues français, représentés de façon exemplaire par Jean Poujalat, directeur de l'importante revue « L'ami de la religion ». Ce critique, qui vient de décéder en 1880, écrivait : « Il est étrange que la Révolution française ait pu devenir le grand argument pour annoncer l'avènement d'un messianisme nouveau, conforme aux antiques et persévérantes espérances d'Israël. Ce n'est pas précisément l'idée religieuse que la Révolution française porte au front. Elle ne fut pas seulement une épouvantable révolte contre la loi établie, mais contre toute idée de Dieu.[66] »

Rétrospectivement, et bien plus que les nuances innombrables d'un débat théologico-politique d'autant plus confus que la guerre franco-prussienne de 1870 lui fait rapidement traverser les frontières, c'est à ses conséquences sur la situation des Juifs après l'*Anschluss* de l'Alsace-Lorraine que je m'intéresse. Dans la biographie de Joseph Salvador, et plus nettement encore dans la place éminente que lui accordera le linguiste et philosophe James Darmesteter, dans la même année 1881, que nous verrons naître ce mouvement politique nouveau et entièrement original qui s'est lui-même proclamé *Antisemitismus.* Il est très rare qu'un parti ou un mouvement politique trouve immédiatement son nom. Et s'il n'apparaît pas encore chez Gabriel Salvador, Darmesteter et son maître Ernest Renan l'assimileront immédiatement, l'importeront en le traduisant de l'allemand

[65] *Ibid.*, p. 281.
[66] *Ibid.*, p. 283.

en français. Il entrera de proche en proche dans l'espace européen, partout où s'opère graduellement le passage de l'« âge de la foi » (pour m'exprimer comme Poliakov), non pas à l'« âge de la science » – où a-t-il vu que les hommes agissaient désormais « scientifiquement » ? – mais à l'âge de la politique, politique de masse, c'est-à-dire sociale. Partout où il s'établit, le suffrage universel fait de tous les hommes (plus tard des femmes) des humains « politiques », qu'ils le veuillent ou non.

Lire ces auteurs français d'autant plus sensibles qu'ils viennent de se voir arracher une partie de la patrie de 1789, permet d'établir presque la date de naissance exacte du phénomène antisémite. C'est bien le *socialisme* qui a mis le feu aux poudres. Ce qui n'est encore, dans la biographie de Salvador, qu'une note en bas de page prendra son véritable nom quand James Darmesteter fera, la même année, de Joseph Salvador le plus récent « prophète d'Israël ».

Que lit-on en effet sous la plume du biographe de Salvador ?

« Parmi les nombreuses écoles de *socialisme* qui agitent maintenant l'Allemagne, l'une des plus importantes est celle dont les adhérents s'intitulent eux-mêmes *socialistes chrétiens.* Dans une de leurs assemblées, tenue le 29 mai 1880 à Berlin, le prédicateur de la cour, M. Stöcker prononçait un discours sur le socialiste et chevaleresque Lassalle avec qui M. de Bismarck avait entretenu autrefois de bienveillantes relations. Tout en reconnaissant les hautes qualités de ce brillant apôtre du socialisme, le pasteur protestant lui a reproché de ne pas avoir eu de religion, 'qualité que doit posséder en première ligne un agitateur qui recherche le bien des classes inférieures'. Les socialistes Lassaliens ont protesté contre cette assertion.[67] »

---

[67] *Ibid.,* p. 285. Dans mon livre *Le sionisme n'est pas le judaïsme, essai sur le destin d'Israël,* 2003, Bruxelles, Didier Devillez, j'ai détaillé le développement parallèle de l'antisémitisme et du sionisme allemands.

Le savant linguiste Darmesteter verra autrement mieux le tournant qui s'opère alors en Europe, à l'heure où pour la première fois deux grands États continentaux qui se réclament encore du patronage chrétien viennent de s'affronter, presque sans comprendre pourquoi. Durant les dix premières années du nouveau Reich allemand, les réparations financières – cinq milliards de franc-or versés par la France vaincue – sont rendues responsables de la première crise boursière du pays ; comme elles ont transité par la banque Rothschild et son correspondant allemand, Bleichröder, également banquier de Bismarck, le Juif errant pour expier son déicide commence à s'incarner dans de nouvelles figures mythiques du mal, par la vertu magique de cet argent diabolique dont le paysan Luther ne pouvait encore comprendre quelle terre le produisait naturellement. Libelles et autres publications abondent pour dénoncer le nouveau « coupable de tout[68] », qu'il faut absolument exclure de toute autorité sur de bons chrétiens. L'émancipation française des Juifs doit être rapportée ; ainsi s'amorce le mouvement politique qui mettra plus d'un demi-siècle à parvenir à ses fins.

Le pasteur Stöcker, engage l'alliance antisémite du protestantisme prussien officiel avec le nationalisme conservateur libéral de Heinrich von Treitschke. Dès 1847, c'est un Juif converti qui sous son pseudonyme de Julius Stahl avait dressé le programme d'un État chrétien, rejetant à la fois le déisme et le judaïsme : *Der christliche Staat und sein Verhältnis zu Deismus und Judentum* (L'État chrétien et sa relation au déisme et au judaïsme), Berlin, 1847, Ludwig Oehmigke.

[68] En 1932, six mois avant l'arrivée d'Adolf Hitler à la chancellerie, paraît encore un fort volume consacré au débat contradictoire du thème : « Le Juif est coupable ? La question juive en discussion » (*Der Jud ist schuld ? Diskussionsbuch über die Judenfrage*, Bâle, Berlin, Leipzig, Vienne, 1932, Zinnen-Verlag. 38 auteurs exposent leurs avis contradictoires.

9. Un vrai savant ou le refus de l'idéologie

James Darmesteter est un véritable savant, l'un des premiers sans doute à avoir appliqué sans a priori la méthode des sciences de la nature aux sciences de l'homme. Parti de la linguistique comparative comme beaucoup de ses contemporains, il ne s'est pas laissé égarer par les grands conflits religieux et nationaux qui divisèrent son siècle, transformant les anciennes guerres dynastiques en guerres d'extermination de plus en plus meurtrières, jusqu'à prendre une dimension planétaire. Il est à la fois réconfortant, pour qui s'efforce de comprendre les ressorts cachés de causalités multiples et inter-agissantes, de croiser une telle figure de chercheur dont les constats n'ont pas encore été dépassés depuis lors, et mieux encore, pourraient bien se révéler plus féconds et prémonitoires que tant de travaux après les siens. Pour ma part, je n'hésiterais pas à parler d'une véritable régression de la pensée depuis quelque cent-cinquante ans dans un domaine aussi sensible que la malnommée question juive.

Darmesteter est resté un maître incontesté de la langue de la Perse ancienne, et tandis que Nietzsche, avec sa sensibilité inquiète et exacerbée, imaginait à travers Zarathoustra, une dévotion moderne, cette religion nouvelle dont avait rêvé Joseph Salvador, Darmesteter traduisait les textes originaux du culte mazdéen. Et il publiait en même temps son recueil intitulé *Les Prophètes d'Israël.*[69] Le contenu en est d'autant plus étonnant, que ce livre rassemble en fait des textes déjà publiés et qui s'échelonnent de 1880 à 1891. Le chapitre concernant Salvador avait déjà paru en 1881 ; celui intitulé *Race et tradition*, le plus lucide à mes yeux, en 1883. L'ouvrage tout entier est un vibrant hommage à

[69] James Darmesteter, *Les Prophètes d'Israël,* Paris, 1982, Calmann Lévy.

Ernest Renan[70], cette intelligence sceptique qui lui a véritablement ouvert la voie. Mais un hommage critique et moins marqué par la volonté de sauvetage du christianisme, que Renan veut opérer à tout prix.

« Le moment est encore loin où l'on pourra tenter une histoire d'ensemble du peuple juif, suivi dans toute la durée de son développement, – c'est-à-dire depuis ses origines jusqu'à nos jours, – et dans toute l'étendue de ce développement, – c'est-à-dire dans sa religion, sa philosophie, sa langue, sa littérature, et dans l'aventure de ses destinées matérielles[71] », écrivait Darmesteter. La décennie durant laquelle il rédige les différents chapitres rassemblés dans sa publication de 1892 est sans doute l'une des plus riches sur le sujet en question. Deux figures en émergent, dont Darmesteter a bien compris la complémentarité et l'opposition : Heinrich Graetz et Ernest Renan. Graetz est sans conteste le premier historien juif de sa propre histoire légendaire et vécue. Bien que membre actif de l'Alliance israélite universelle (Paris, 1860), c'est en allemand qu'ont paru les onze volumes de son « Histoire des Juifs de l'antiquité jusqu'à nos jours[72] », publiés entre 1853 et 1875, qu'il ne cessa de retravailler et de compléter jusqu'à son décès en 1891, y ajoutant encore une version populaire vulgarisée en trois volumes. La période ainsi couverte se prolonge de 1848 à 1870. Darmesteter a parfaitement saisi les objectifs différents du réformateur juif allemand et de son homologue catholique français, engagés dans une espèce d'émulation d'esprit ouvert et libéral ; tandis que Darmesteter rédige les fragments de ses *Prophètes d'Israël*, Renan prolonge à

---

[70] L'ère du numérique dispose à quelques surprises : l'exemplaire mis en ligne par Gallica porte cette dédicace : *À mon maître, hommage de respect, de reconnaissance et d'affection. James Darmesteter.*

[71] James Darmesteter, *Les Prophètes d'Israël, op. cit.*, p.154.

[72] Heinrich Graetz, *Geschichte der Juden von den ältesten Zeiten bis auf die Gegenwart.* Suivie de : *Volkstümliche Geschichte der Juden*, 3 volumes, 1888-1891.

marche forcée son *Histoire du Christianisme* par celle du « peuple d'Israël », à ne pas confondre avec l'idée, encore empreinte de nationalisme, du « peuple juif » selon Graetz. De 1887 à 1891, en paraîtront les trois premiers volumes, les deux derniers n'étant publiés qu'à titre posthume en 1893. Et tout cela, comme si Clio, muse perverse, s'amusait à égarer l'historien, puisque de 1882 à 1897, deux traducteurs successifs rendaient Graetz enfin accessible à un plus large public francophone.

Simplifions : Darmesteter, pour sa part, compare attentivement nos deux interprètes, non seulement des Écritures mais des faits et gestes des Juifs vivants dans les différents milieux qui sont les leurs. Il sait ces derniers en proie aux déchirements accrus de la politique, qui ne sont que les retombées directes de la guerre franco-prussienne de 1870. Dans l'antisémitisme qui s'élabore en Allemagne, Graetz est immédiatement attaqué par l'historien nationaliste prussien Von Treitschke, parce que ce dernier voit en lui un « autre » nationaliste irréductible, un « traître » au service de la France émancipatrice et de son bras « juif », l'Alliance israélite universelle. Il est vrai que comme toutes les autres composantes actives de la société, les Israélites reconnus par les États nationaux présentent des intérêts différents et parfois contradictoires. La France l'a bien montré sous le Second Empire[73], dans ces deux prétendues « questions », la Juive et celle d'Orient qui se mélangeront désormais intimement. Comment dès lors s'y retrouver et, surtout, ne pas céder aux polémiques superficielles, nourriture quotidienne des passions politiques d'un peuple à des années-lumière des débats de nos exégètes érudits ?

[73] On connait notamment l'ouvrage d'Ernest Laharanne, catholique libéral, secrétaire particulier de Napoléon III, paru anonymement : *La nouvelle Question d'Orient. Empires d'Égypte et d'Arabie. Reconstitution de la nationalité juive,* Paris, 1860, E. Dentu.

Pour bien le comprendre, saisissons-nous de deux exemples, l'un français et l'autre allemand, dans ces années où s'embrouillent tous les repères anciens dans une confusion théologico-politique sans précédent par son ampleur et l'étendue de ses conséquences. Le premier concerne Ernest Renan, le second Heinrich Graetz.

Le 26 mai 1883, le philologue français s'adresse solennellement devant la Société des Études juives à un parterre d'Israélites français, introduit par le baron Alphonse de Rothschild, principal négociateur et prêteur des réparations de guerre et de la fin de l'occupation allemande qui n'est intervenue que dix ans auparavant[74].

« C'est la Révolution qui a proclamé l'égalité des Juifs avec les autres citoyens dans l'État. (*Vifs et unanimes applaudissements.*) La Révolution a trouvé ici la solution vraie avec un sentiment d'une justesse absolue, et tout le monde y viendra. (*Assentiment général.*) Et qui mieux que le peuple juif, Messieurs, pouvait accepter une pareille solution ? C'était le peuple juif lui-même qui l'avait préparée ; il l'avait préparée par tout son passé, par ses prophètes, les grands créateurs religieux d'Israël, qui avait appelé l'unité future du genre humain dans la foi et le droit. [...] La gloire du christianisme, c'est la gloire du judaïsme. Oui, le monde s'est fait juif en se convertissant aux lois de douceur et d'humanité prêchées par les disciples de Jésus (*Applaudissements.*) Et maintenant que ces grandes choses sont accomplies, disons-le avec assurance : le judaïsme, qui a tant servi dans le passé, servira encore dans l'avenir. Il servira la vraie cause, la cause du libéralisme, la cause de

[74] Ernest Renan, *De l'identité originelle et de la séparation graduelle du judaïsme et du christianisme.* Disponible en ligne : judaisme.sdv.fr/histoire/document/jud-chr22/renan

l'esprit moderne. Tout Juif est un libéral. (*Assentiment général et applaudissements.*) Il l'est par essence.[75] »

Comment ne pas confronter l'idéalisme assez éthéré de Renan aux réactions que rencontre Graetz en Allemagne au même moment, et dont il fait part, de Breslau (Wroclaw), au Comité central de l'Alliance israélite universelle ? Il s'excuse auprès de lui des difficultés à récolter publiquement des fonds au profit des victimes des pogroms russes. « La raison en est qu'un appel à contributions sous le drapeau de l'AIU ne peut absolument pas être lancé, car l'exorbitante antipathie des Allemands envers nos coreligionnaires est essentiellement dirigée contre l'Alliance et celle-ci est quasi officiellement accusée de conspiration internationale ; de la sorte, une grande quantité de nos coreligionnaires n'osent pas en être membres. Nous essayons donc, comme à Berlin, de constituer un comité mixte de Juifs et de chrétiens pour lancer un appel. Mais ce plan a échoué, vu l'antilibéralisme qui règne ici.[76] » Dans sa lettre, Graetz note encore d'autres réactions locales : à Liegnitz (Legnica), les Juifs condamnent l'intervention de l'AIU, et ceux de Francfort, bastion traditionnel du judaïsme, n'y récoltent des fonds qu'en secret.

Nous pouvons enfin revenir à la profonde originalité de James Darmesteter. Il a pris acte, dès 1882, de ce que le sémitisme tout théorique d'un Renan avait engendré deux frères jumeaux, le *pro*- et l'*anti*sémitisme, qui se nourrissaient l'un comme l'autre de mythes et passaient à côté des Juifs vivants et actifs. « Prosémites et antisémites, amis et ennemis du peuple juif, dans tous les camps et dans tous les temps, se sont accordés à faire à ce peuple une place à part,

---

[75] Cité ici d'après Ernest Renan, *Judaïsme et christianisme,* Paris, 1977, Copernic, p.133 qui comporte aussi les réactions du public dans le compte rendu sténographique.

[76] Heinrich Graetz, *Tagebuch und Briefe,* herausgegeben von Reuven Michael, Tübingen, 1977, J. C. B. Mohr, p. 370.

d'élection ou de réprobation, – bien à tort ; de nos jours, on croit tout résoudre avec un mot nouveau qui est en voie de faire grande fortune, ce mot de race, le plus vide et le plus creux de tous les mots, quand il s'agit des choses de l'esprit. [...] C'est qu'en réalité la race n'est là pour rien. Israël n'a point été ce qu'il est, ni fait ce qu'il a fait, ni duré à travers toutes les forces de destruction, par l'effet d'une mystérieuse vertu de race, mais par la seule vertu d'un livre : il est ce que la Bible l'a fait. Il n'est point le produit d'une race, mais d'une tradition, élément bien autrement puissant et résistant, quand c'est une tradition qui arme pour la vie et pour la lutte morale, et qui va dans les voies mêmes que cherche l'inconscient de la conscience humaine.[77] »

Voilà qui pousse notre auteur à consacrer un chapitre entier à ce rapport nouveau entre *race*, concept équivoque qui n'a pas encore noué de relation avec une biologie inexistante, ni avec la psychanalyse, et *tradition*, notion plus culturelle que naturelle. Parties, comme nous le savons, de l'étude des langues, les prétendues races se révélèrent pleines d'arbitraire, au point d'effacer les faits les plus évidents de la pratique quotidienne. « Tout d'abord on s'avisa, et ce fut presque une idée de génie, qu'un homme est parfaitement capable d'apprendre une langue qui n'était point celle de son père : un Anglais, né à Paris, parlera aussi bien qu'un Parisien de dix générations l'argot des boulevards ; les fils de colons allemands du *Far West* n'écorchent guère l'anglais plus qu'un Yankee, fils des *Pilgrims Fathers.* Les langues disparaissent sans les peuples qui les parlaient, ce qui prouve qu'ils en ont appris d'autres ; les Gaulois de Jules César, au bout de quelques générations, fournissaient d'avocats le barreau de Rome... [...] Les Allemands magyarisés parlent et écrivent leur langue d'adoption aussi purement que les Tartares purs. Les peuples de langue aryenne ne sont donc pas nécessairement des Aryens ; ils ont pu

[77] J. Darmesteter, *Les Prophètes d'Israël, op. cit.*, p. 243.

apprendre leur langue de conquérants aryens et oublier la leur.[78] »

Et Darmesteter de démontrer sur plusieurs pages, avec une grande clarté, pourquoi mêler ces notions culturelles historiques avec les faits de nature, avec la race associée au « sang », cette matière si chargée de préjugés obscurs, est dénué de sens : « Dans les périodes historiques », écrit-il si justement, « la parole qui coule sur la lèvre ne sait plus dire le sang qui coule dans les veines.[79] »

Il faudra bien se demander quels intérêts puissants poussent à refouler de génération en génération ce qu'avec un peu de froide raison, l'observation des faits concrets révèle à tout observateur un peu objectif ? Et pour combien de siècles ou de millénaires encore ? « On s'imagine qu'un Juif de 1891 descend d'un juif du temps de David ; que toute généalogie d'une famille juive, si on pouvait la suivre assez haut et assez loin, quel que soit le point d'arrivée présent, – Paris, Londres, Vienne, Varsovie, – après nous avoir promené dans le monde, nous conduirait comme point de départ à quelque village de Palestine. [...] Telle est la théorie populaire. L'histoire prouve qu'il n'en est pas ainsi.[80] »

Renan n'a-t-il pas fini par reconnaître lui-même que le « type » juif qu'il a contribué à façonner en théorie n'est qu'une construction de l'esprit et que les faits historiques pourraient bien avoir été plus déterminants pour le « peuple du Livre ». « C'est le Ghetto », écrit Darmesteter, citant Renan, « qui a dégagé et immobilisé les types juifs ; comme c'est le Ghetto également qui a produit cette unité d'habitude et de mœurs où l'on a voulu reconnaître un effet de race, et qui se produit en réalité dans toute minorité parquée, concentrée et rejetée sur elle-même : 'il y a une psychologie des minorités religieuses, indépendante de la race.' Les

---

[78] *Idem,* p. 252.
[79] *Ibid.,* p. 256.
[80] *Ibid.,* p. 263.

conséquences de la thèse de M. Renan sont multiples et de tout ordre, les unes particulières et d'un intérêt d'actualité ; les autres d'une portée générale et universelle, déjà indiquées précédemment par M. Renan dans son admirable conférence sur la formation de la nationalité française.[81] »

[81] *Ibid.,* p. 269.

10. Le partage des eaux

C'est parvenu à ce moment, en 1883, que James Darmesteter semble avoir pris conscience qu'un clivage s'opérait dans la politique européenne, dont il ne pouvait évidemment augurer de toutes les conséquences. Entre la France de la Révolution, déjà stabilisée depuis plusieurs siècles dans un espace national, et la nation germanique prise dans les douleurs de sa gestation, le Rhin apparaissait comme une frontière symbolique entre deux conceptions du monde, et l'*antisémitisme*, ce nouveau monstre polycéphale, serait l'indice de cette séparation : à l'ouest, une rupture consommée entre la théologie et la politique, à l'est un impossible divorce entre ces deux notions. Le colonel Salvador, dans la biographie de son oncle, n'avait-il pas pertinemment noté : « Enfin, la Constitution de 1789 proclamant les droits de l'homme, et offrant le premier exemple d'une constitution *faite sans invoquer la sanction divine* (souligné par moi, J. A.), est aussi le premier exemple de la complète émancipation de l'homme, et de son indépendance de tout pouvoir surnaturel.[82] »

Et voici l'instant où Darmesteter, deux ans après, oppose au credo républicain son contradicteur impérial : « De l'autre côté du Rhin, cette croisade étrange de l'antisémitisme, qui a dernièrement étonné l'Europe comme un réveil de moyen âge, a essayé de se justifier par l'histoire : des haines politiques et des rivalités commerciales, coalisées avec des regrets d'inquisiteurs, se sont drapées de formules scientifiques, et des querelles de boutiquiers sont devenues un épisode du prétendu choc éternel de deux races, de deux mondes, du monde aryen et du monde sémite.[83] »

---

[82] *J. Salvador, sa vie, ses œuvres... op. cit.*, p. 290.

[83] J. Darmesteter, *Les Prophètes d'Israël, op. cit.*, p. 269.

Le danger des clivages raciaux lui apparaît comme une lourde menace, et suit alors ce verdict implacable qui devrait être gravé au fronton de toutes nos institutions :

« Ici se révèle le danger social contenu dans ce mot de race, quand il est ramassé des mains de la science par les demi-conscients de la politique et jeté de là dans les masses. Par lui toute lutte prend un caractère de haine intime et inexpiable, parce que les combattants se persuadent qu'il y a entre eux, non une hostilité d'un instant ou d'un accident, mais irrémédiable et fatale. La guerre est entre eux inévitable et éternelle, si la cause est toujours présente et plonge de tout leur passé dans tout leur avenir. Ce sont deux organismes, deux instincts, deux âmes inconciliables qui sont aux prises : ce ne sont plus deux hommes, mais deux vertébrés d'ordre différent. L'extermination rapide ou lente peut seule mettre un terme à la lutte. Ainsi, pendant la guerre de Sécession, les *savants* du Sud publiaient des *Manuels d'anthropologie* où le singe occupait la place intermédiaire entre le noir et l'homme.

Ce qu'il y a d'étrange, c'est que dans la logomachie sanglante du siècle, la science, en subdivisant les races et les instincts de race, subdivise aussi les haines et les fatalités de guerre et de destruction. L'Allemand conduit les Aryens à l'assaut du monde sémitique ; mais les Aryens se subdivisent en races secondaires qui doivent à leur tour se haïr, se combattre et s'exterminer, de par l'hostilité secondaire de leurs instincts : race germanique contre la race slave ; race germanique contre la race latine. L'humanité n'est plus qu'un réseau sinistrement régulier de haines et de sous-haines, tressé par la hiérarchie des races et dévidé par la science et la guerre. [...] Le malheur de l'Allemagne – ce qui fait sa force apparente pour un instant et fera sa faiblesse durable dans l'avenir – c'est que l'élément de race y est mieux conservé que partout ailleurs, de là étroitesse d'esprit, manque de mesure dans l'intelligence, de justice dans le cœur. Elle n'a pas eu dans son sein la lutte féconde des forces contraires qui limitent leurs excès en complétant leurs énergies, et qui, en faisant reconnaître l'une de l'autre leur droit mutuel, élargissent l'étroitesse native de l'homme jusqu'à en faire quelque chose qui a l'étendue et la variété de la nature même ; elle est restée et reste une chose étrangement puissante et péniblement incomplète.[84] » Nous atteignons là aux sommets de l'intelligence lucide de l'espèce : indépassable.

Mais tandis que Darmesteter republie en 1891 son interprétation précoce du phénomène antisémite, il ignore que son maître Renan met la dernière main à son *Histoire du peuple d'Israël.* Il en signe le texte définitif le 24 octobre de la même année et meurt le 2 octobre de l'année suivante ; les deux derniers volumes de l'œuvre monumentale voient le jour en 1893[85]. Darmesteter a-t-il même pu en prendre connaissance avant son décès, le 19 octobre 1894 ? Pour l'historien, ce qui tient du hasard nous fournit avec la distance critique nécessaire les sources précises de deux visions opposées du même événement, visions qui cheminent encore aujourd'hui. D'un côté, un fils de marrane aperçoit clairement l'apparition d'un phénomène *politique* contemporain susceptible de bouleverser à nouveau les rapports entre Juifs et chrétiens vivant dans les différents pays européens ; d'un autre, un catholique libéral parachève son exégèse *théologique* dans une totale fidélité à son propre engagement : sauver le christianisme de ses compromissions

---

[84] *Ibid.,* pp. 270 et suivantes.

[85] Ernest Renan, *Histoire du peuple d'Israël,* tome V, Paris, 1893, Calmann Lévy. Merveilleux Internet : l'exemplaire digitalisé sur le site archiv.org nous apprend qu'il entre déjà le 3 mai 1894 dans la bibliothèque de la *Divinity School* de Boston, offert par *The Society for Promoting Theological Education.*

avec l'Ancien Régime et en faire la source souterraine des aspirations socialistes de son époque ! On peut rêver !

À l'évidence, nos deux auteurs ne parlent pas des mêmes Juifs. Pour Renan, les Juifs ne sont que la fiction d'un type idéal éternel, qui s'attire un antisémitisme éternel, dont il prétend découvrir la « cause » immuable. « L'antisémitisme n'est pas une invention de nos jours ; jamais il ne fut plus brûlant que dans le siècle qui précéda notre ère (?), et certes (?), quand un fait (?) se produit ainsi partout et à toutes les époques, c'est qu'il a des causes profondes, qui valent la peine d'être étudiées. [...] L'ère des haines religieuses commence, et il ne faut pas nier que ces haines n'aient été le plus souvent provoquées par les Juifs. C'était le fruit fatal de l'introduction de l'absolu en religion. Les chrétiens porteront le mal à son comble, tour à tour persécutés, persécuteurs.[86] » Ce n'est évidemment pas le seul passage où Renan opère avec la rétrospection coutumière à tous les penseurs idéalistes, pliant les faits à la compréhension qu'ils en ont. Ailleurs, par exemple, Hérode devient son propre double : « Au fond, Hérode n'était pas un Juif de cœur ; nous croyons même qu'il haïssait le judaïsme ; c'était un Hellène, comme Antiochus Épiphane, mais un Hellène bien plus sage, qui ne songea jamais comme le roi de Syrie à la suppression du judaïsme. Il eût voulu un judaïsme libéral, tolérant, comme nous rêvons un catholicisme doué des mêmes qualités (qui ne serait plus un catholicisme).[87] » Bel autoportrait, à défaut d'un Hérode historiquement crédible !

Renan impose ainsi tout au long ses jugements péremptoires en autant d'illustrations de sa thèse fondamentale d'un judaïsme stérile et balbutiant depuis que, par les voies impénétrables du Seigneur, le christianisme, le pur, le sien, en a pris le relais. « Le christianisme est l'aboutissant, et,

---

[86] *Idem,* p. 227.
[87] *Ibid.,* p. 251.

pour parler d'une manière un peu anthropomorphique, le but, la cause finale du judaïsme. Le christianisme une fois produit, le judaïsme se continue encore, comme un tronc desséché, à côté de la seule branche féconde. Désormais la vie est sortie de lui. Son histoire, quoique très intéressante encore, n'a plus qu'une importance secondaire, au point de vue général. Il n'y a dans cette assertion rien qui puisse contrister l'âme israélite la plus convaincue. C'est par le christianisme que le judaïsme a vraiment conquis le monde. Le christianisme est le chef-d'œuvre du judaïsme, sa gloire, le résumé de son évolution.[88] »

Et plus il se sent parvenu à la fin de sa vie, à la fin de l'œuvre de sa vie, plus Renan s'exalte : « Toutes les ardeurs secrètes de la conscience juive, aboutissant à un accès suprême, produisirent ainsi cette fièvre éruptive, la plus extraordinaire de l'histoire humaine, et d'où il semble que date une vie nouvelle. [...] L'acte générateur, l'acte inoculateur sont toujours accompagnés de fièvre. Pendant ce temps, il faut recouvrir la vie en travail d'un drap mystérieux. [...] Jusqu'en 1848, le socialisme creuse ses galeries de mine sous un sol dont la surface n'accusait aucune trépidation et se chauffait au soleil, sans se douter du travail qui se faisait dans ses entrailles. [...] L'avenir immédiat est obscur. Il n'est pas certain qu'il soit assuré à la lumière. La crédulité a de profondes racines. Le socialisme peut amener, par la complicité du catholicisme, un nouveau moyen âge, des barbares, des Églises, des éclipses de la liberté et de l'individualité, de la civilisation en un mot. Mais l'avenir ultérieur est sûr. [...]

L'œuvre juive aura sa fin ; l'œuvre grecque, c'est-à-dire la science, la civilisation rationnelle, expérimentale, sans charlatanisme, sans révélation, fondée sur la raison et la liberté, au contraire, se continuera sans fin, et, si ce globe vient à manquer à ses devoirs, il s'en trouvera d'autres pour

---

[88] *Ibid.*, p. 414.

pousser à outrance le programme de toute vie : lumière, raison, vérité. La trace d'Israël, cependant, sera éternelle. Israël a le premier donné une forme au cri du peuple, à la plainte du pauvre, à la réclamation obstinée de ceux qui ont soif de justice. [...]

Avec d'inévitables réserves, le programme juif sera accompli : sans ciel compensateur, la justice existera réellement sur la terre.[89] »

Bien que je n'aie pu ici qu'en résumer la conclusion, je ne crois pas avoir trahi la pensée du chrétien sincère qui eut vingt-cinq ans en 1848, au moment où se creuse la séparation des destinées française et allemande, et à l'heure où vient à peine au monde James Darmesteter. D'autres qu'eux vont tenter à présent de dresser – treize ans à peine après l'invention du néologisme barbare *antisémitisme* – une réflexion synthétique sur cette nouvelle hostilité à des hommes qui se nomment Juifs ou que l'on désigne communément par ce prédicat, dont l'éventail de sens s'ouvre toujours davantage avec le temps et l'élargissement de l'espace dans lequel ils se meuvent. Le lecteur sera surpris que le premier livre qui prétende traiter du nouvel antisémitisme dans son ensemble soit écrit par un écrivain, juriste et politicien belge, tandis que le phénomène est notoirement de sources allemande et française, et alors que la Belgique en est totalement exempte... à l'exception de cet auteur, qui s'en vante d'ailleurs et dont l'inspiration est donc totalement étrangère. Cette curiosité mérite bien un détour.

---

[89] *Ibid.,* p. 419 et suivantes. Après avoir lu Renan et Darmesteter, plongez-vous dans les travaux de Vatican II, c'est éclairant. Voir : Thérèse Hebbelinck, *La déclaration* Nostra Aetate *(n°4) du concile Vatican II.* Fondation de la Mémoire Contemporaine.

11. L'exception qui confirme la règle

Ce personnage excentrique et marginal sous bien des aspects, Edmond Picard, publiera sa *Synthèse de l'Antisémitisme* à la fois – fait significatif – chez un éditeur belge réputé en matière juridique et chez un éditeur français spécialisé en antisémitisme[90] ! Personnage ambigu, protéiforme, toujours soucieux d'attirer sur soi l'attention du public, des publics, aussi contradictoires soient-ils. La Belgique est un pays jeune, hybride, qui se cherche et dont Picard voudrait incarner l'« âme », entre le Wallon rationnel et industrieux, et le Flamand, plus près de la terre nourricière, artiste plus instinctif, dont il serait, lui, la version francophone ! Encore des « types » à la Renan ! Prédisposé donc au paradoxe permanent, d'autant qu'à l'époque la reconnaissance littéraire, artistique et philosophique qu'il ambitionne se conquiert à Paris. Il y défend une littérature atypique, flamande de langue française, truculente et grossière s'il le faut, rubénienne pour tout dire. Une panacée indigène de croyances diverses. Son talent de plaideur lui vaut de défendre dans la capitale française l'éditeur de Camille Lemonnier, dont un court récit est accusé de pornographie. Et comme chaque événement auquel il participe a droit à une vaste publicité, il publie aussitôt à ses frais le dossier du procès, illustré de son autoportrait en écrivain à sa table de travail[91]. Lemonnier, un homme « de notre race » belge flamando-wallonne, qui « brille au soleil des littératures aryennes », serait à Paris l'objet d'un injuste procès fait à un étranger, « soupçonné de socialisme » qui plus est.

---

[90] Edmond Picard, *Synthèse de l'Antisémitisme*, 1892, Bruxelles, Ferdinand Larcier ; Paris,

[91] Edmond Picard, *Le Procès de* L'Enfant du Crapaud. *Affaire Camille Lemonnier. Réquisitoire, plaidoiries, jugement, documents,* Bruxelles, 1888, Ferdinand Larcier.

Dans *L'Enfant du Crapaud*, Lemonnier nous conte brièvement l'histoire d'un quartier de misérables mineurs en grève, au milieu desquels une cabaretière, pour les encourager à tenir plus longtemps malgré la faim qui les tenaille, se livre publiquement à tous les hommes, « victime expiatoire qui, sur l'immonde autel combugé par le flux des races, volontairement se livrait aux soifs d'amour et d'oubli des las-de-vivre ». Et Picard, pour convaincre les juges parisiens, de comparer le sacrifice de son corps par une fille de mineurs wallons aux grands mythes juifs exaltés par les chrétiens : « Oui, la femme, se prostituant pour une cause héroïque, c'est Judith d'abord, en sa légendaire et sainte impudeur. C'est aussi la *Sorcière* de Michelet.[92] » Habileté de plaideur ou inconscience de ses propres contradictions.

Le « sémitisme », notre Picard aryen d'âme belge le découvrira dans toute son horreur au cours d'une mission diplomatique auprès du Sultan du Maroc, dont le récit suit de peu celui du procès Lemonnier : *El Moghreb al Aksa*[93]. Là se déploie enfin sous ses yeux « la civilisation sémitique vierge encore de tout européanisme », donc très différente de celle des Juifs qu'il a fréquentés jusqu'alors en Belgique. « Le Sémite se costume noblement et donne ainsi le change. Mais au fond il reste à un médiocre étiage et le prouve par son évolution historique, brillante autrefois par comparaison avec la grossièreté des Aryens à peine entrés en civilisation, mais depuis si prodigieusement distanciée et désormais irrémédiablement stationnaire. [...]

Quelle leçon d'histoire, d'ethnologie, de philosophie que ce voyage en lequel se voient de si près de si grands

---

[92] *Idem*, p. 73.

[93] Edmond Picard, *El Moghreb al Aksa. Une mission belge au Maroc, avec interprétations par Théo van Rysselberghe et frontispice par Odilon Redon*, Bruxelles, 1889, Ferdinand Larcier. Réédition : Bruxelles, 1893, Paul Lacomblez. La première édition de luxe tirée à 205 exemplaires, dont un destiné au Sultan, conforte les relations mondaines de Picard.

phénomènes humains ! Combien différent des voyages en Europe où ne se changent que des nuances ! Un autre continent, une autre race, un autre temps. Être, d'un coup, changé quant à ces trois facteurs dominants de toutes choses. [...] Ah ! le rêve de ceux qui croient à l'unité humaine, à la possibilité des transformations, à la conversion d'un Sémite en Aryen !...[94] »

Il n'est pas facile de comprendre d'où vient cette monstrueuse obsession de détenir en quelques mots ronflants la clé « de toutes choses ». Si Picard croit en un Dieu, c'est bien dans celui qui l'a créé. Notre hédoniste libéral socialisant et anarchisant est certain de posséder cette clé universelle dans les circonvolutions de son cerveau dolichocéphale : c'est l'exception chrétienne, celle d'un Christ et d'un saint Paul aryens si éloignés de cette « vie biblique, sauvage, superstitieuse, malpropre ». Et, pour la seconde fois, l'avocat qui a emporté sa robe de plaideur pour séduire ces sauvages et leur vendre un chemin de fer produit par notre savoir industriel, se laisse aller à ce mot terrible, lors d'une visite des ruines de Volubilis : « Erreur de ces Romains, qui furent une élite toujours mais une nation jamais, de croire que, sans *exterminer* [souligné par moi, J. A.] le Sémite, ils pourraient, eux Aryens, dominer le monde africain du Nord. [...] Donc de cette Volubilis au nom charmant d'élégance rien que des ruines.[95] »

Avec l'idée fixe de tous les aliénés, il nous l'avait révélée, la faille éternelle de toute civilisation « que rien n'abolira si ce n'est l'*extermination* ». Passage effrayant dans son délire à demi assumé :

« Haine de l'Européen, dans les contacts immédiats souriante, mais lourde, chargée des inoubliables souvenirs de tant de luttes impitoyables, des appréhensions de la conquête possible, de l'incurable hostilité des races, grevant le

---

[94] *Idem,* p. 124.

[95] *Ibid.,* p. 290.

passé, grevant l'avenir, que rien n'abolira si ce n'est l'extermination. J'ai vagué longuement en ces pensées, cette nuit, louvoyant, par des heures de lucide insomnie, par des heures divinatoires du rêve, obstination de cervelle à ne jamais chômer. Oh ! la folie de croire au passage d'une race dans une autre par la civilisation ! Oh ! la folie de croire que la civilisation de l'un pourra jamais être la civilisation de l'autre ! Oh ! surtout la folie de croire à l'équivalence du développement possible, à la fusion dans les conquêtes d'un développement commun.[96] » Dix ans encore nous séparent de l'interprétation psychanalytique freudienne des rêves ; Picard se serait-il allongé sur le célèbre divan : « Oh ! le pouvoir des fous. Ce ne sont pas les froids penseurs qui fondent les cultes nouveaux et conduisent les hommes. Seuls les hallucinés opèrent ces miracles. Immense dans l'histoire fut l'action des fous. Ils détruisent les empires et soulèvent les flots populaires. Leurs rêves ont entraîné l'Humanité, le cours de l'histoire eût changé si la raison, non la folie, avait régné sur la terre.[97] »

Et puis, il y a ces passages que, détachés de son récit, Picard reprendra trois ans après dans sa synthèse du syndrome franco-germanique auquel il cède, cette invasion « sémitique » qui le menace dans tout ce qu'il a de plus précieux : 200.000 Juifs marocains qui pourraient être reconnus Français grâce à l'Alliance israélite universelle, et ne seraient que l'avant-garde de l'invasion arabe, du gros de l'armée sémite qui menace à nos portes. Laissons chacun où il est, « chacun selon son espèce, comme les animaux de la création ».

« Certes Salomon Benoliel [représentant de l'AIU] réussit le dégrossissement de ces barbares. Il les fait bien marcher sur leurs pattes de derrière. – Ils ne savaient même pas s'asseoir quand j'ai commencé, nous dit-il. – Le

---

[96] *Ibid.*, p. 237.
[97] *Ibid.*, p. 309.

gouvernement français protège cette œuvre. Il y voit sans doute un moyen de conquête. Gagner deux cent mille Marocains est habile. Mais s'ils deviennent Français, ils resteront Juifs, et l'Aryen comprend de mieux en mieux que plus une nation contient de Juifs plus elle augmente le péril de la puissance de l'argent aux mains d'êtres de race étrangère, de race inférieure, l'employant suivant leurs instincts, c'est-à-dire à rebours de ses aspirations. Les philanthropes et les humanitaires ont faussé une antipathie historique très sensée. Au Maroc, quand le Juif aura une position plus forte, loin d'admettre l'Aryen, il l'exclura, comme déjà il le fait sans pitié dans les villes de la côte. Seul il fera le lucratif métier d'intermédiaire avec l'indigène. Et la France, une fois de plus, aura joué son rôle de dupe mettant ses ressources civilisatrices à la disposition de la juiverie avide, ne conquérant pas les Arabes, mais conquise par les Arabes du clan hébraïque.[98] »

Après ce préambule, abordons-la enfin, cette *Synthèse de l'Antisémitisme*, la toute première du genre, où Picard, le radical socialisant se donne d'emblée pour la réincarnation du Christ : « Je vous le dis en vérité : un temps viendra, qui n'est pas loin, où toutes les connaissances et toutes les institutions humaines, l'Histoire surtout et les Lois, seront révisées d'après la Race.[99] » Peut-être devrait-on le remercier de nous avoir déjà fourni ainsi en exergue de son pamphlet la distinction permanente entre le savoir laborieusement acquis de génération en génération, raisonnablement articulé dans sa valeur universelle, et la rechute possible dans toutes les incantations aux forces obscures qui nous

[98] *Ibid.*, p. 385

[99] Edmond Picard, *Synthèse de l'Antisémitisme. La Bible et le Coran. Les Hymnes Védiques. L'Art arabe. Les Juifs au Maroc*, Bruxelles, 1892, Veuve F. Larcier. Réédition 1941, Bruxelles, Julien Beernaerts, Éditions de la Phalange.

gouverneraient irrémédiablement. J'y reviendrai nécessairement dans mes conclusions, car Picard, l'homme qui prétend établir des lois, ignore superbement l'Histoire – avec la majuscule qui en ferait une science – et donc les repères qui lui permettraient de se situer et de se comprendre. Incapable de réaliser qu'il n'est que la couche supérieure de ce « limon de l'instinct populaire » dont il prétend se dégager.

La « Race », première inconséquence, devient aussitôt « la Question juive ». Picard ignore – comment le saurait-il ? – que trente ans avant lui, Moses Hess[100], un socialiste proche de Marx, avait déjà pointé le péril de voir la « lutte des races » concurrencer, voire effacer, la « lutte des classes », qu'il voyait s'intensifier de jour en jour avec l'extension du système de production capitaliste. Car le livre de Hess, comme beaucoup d'autres, était retombé dans un complet oubli dont il ne ressortira que sept ans après la « Synthèse » de Picard, et encore, en allemand. Sa traduction française attendra un siècle encore.

Pour Picard, la « Question sociale » est « une indiscutable réalité », qu'il définit aussitôt arbitrairement en « souci et espoir de *notre race* [souligné par moi] » ; « La transformation qu'elle imposera à la civilisation contemporaine des peuples *aryens* [*idem*] dépassera en grandeur et en intensité les plus considérables événements de l'histoire : la diffusion du Christianisme, l'écroulement de l'Empire romain. » Et d'ajouter : « La Question juive est moins démêlée. Elle tourmente, il est vrai, les mêmes nations. [...] Nous voulons, par une analyse attentive du problème, essayer de dégager les lois qui régissent le visible et formidable mouvement qui entraîne tous les peuples aryens contre le Sémitisme. [...] Déplaçant la discussion, nous la ferons sortir du

---

[100] Moses Hess, *Rom und Jerusalem, die letzte Nationalitätsfrage*, Leipzig, 1862, Wengler. Réédité par le dirigeant sioniste Max Bodenheimer en 1899. Traduit en français pour la première fois en 1981 : *Rome et Jérusalem. La dernière question des nationalités*, Paris, Albin Michel.

terrain où on l'agite actuellement sans résultats qui satisfassent parce que, ne touchant pas aux vraies origines, elle offre toujours quelque issue aux subtilités contredisantes. [...] Et ce problème nous le rattachons au Droit. [...] Or, d'après notre conviction profonde, il n'est point, pour l'organisation et l'avancement du Droit, de facteur plus puissant et plus décisif que la *Race* [souligné par E. P.].[101] »

Comment ce verbiage, ce rapprochement de termes auxquels ne correspond aucun contenu objectivable pourraient-ils fournir un fondement quelconque à une construction juridique ? La constitution d'un État peut établir des lois valables pour les citoyens qui en forment la nation. Race ou peuple, longtemps équivalents, ne désignent que des groupes d'êtres humains reliés selon des critères variables et, à défaut de voir ces critères précisément délimités en droit, ils ne relèvent que du langage courant avec toute sa polysémie. Seul un contexte précis en définit l'usage. Que dire alors de la distinction des « âmes » sémite ou aryenne ? Aucun « jurisconsulte intellectuellement désintéressé » (pour m'exprimer dans le jargon prétentieux de notre auteur) ne distinguera jamais le Sémite de l'Aryen, le Juif du chrétien, du musulman ou de l'athée, le Blanc du Noir, sauf à instituer des ségrégations arbitraires habilement graduées et sanctionnées par la force. À moins d'abandonner la notion d'État démocratique, dans laquelle Picard entend se maintenir et exercer son action politique, l'idée même de traduire en droit « une antipathie instinctive » est une contradiction insurmontable.

Picard, comme tous les idéalistes, ne connaît que des mots, qu'il finit par appeler des faits. Dans son esprit, le mot crée la chose. « Pourquoi cet universel mouvement (l'antipathie est devenue mouvement) a-t-il été qualifié d'antisémite et non pas d'antijuif ? Cette dernière expression semble pourtant plus adéquate. C'est à Israël que s'en prend

[101] E. Picard, *Synthèse...*, *op. cit.*, pp. 8 à 10.

la haine, et non pas à la race dont Israël n'est qu'un peuple (*sic*). » Comprenne qui pourra. Le Dieu Picard veut faire entrer dans la législation humaine ce que jamais Iahvé n'avait osé suggérer à Moïse : « l'action mystérieuse des lois naturelles (souveraines et irrésistibles divinités) ».

Ayant ainsi inversé le cours de l'humanisation, phénomène historique, l'antisémitisme politique de toute fraîche date ne caractérise plus une opposition récente entre des hommes réels, « entre la génération européenne actuelle et les Juifs [distinction déjà spécieuse] qui y sont sporadiquement mêlés, mais entre la race sémitique et la race aryenne, ou, pour parler le langage symbolique de la Bible, entre les enfants de Sem et les enfants de Japhet. » Dans ce monde imaginaire, toute référence « historique », préalablement orientée à cette fin, pourra servir de « preuve », page après page : « Et tout de suite les faits historiques marchent à la rencontre les uns des autres et se polarisent en un singulier et frappant rapprochement d'où nait cette pensée que, dans l'âme et la politique aryennes, l'antisémitisme pourrait bien être vieux autant que la contiguïté géographique des deux races, et qu'il s'agit non d'un caprice ou d'un hasard mais d'une loi historique qui s'est affirmée sans interruption et a commandé de tout temps les événements les plus mémorables.[102] »

Ah ! mon Dieu, pourquoi Sem et Japhet ont-ils attendu si longtemps pour nous prophétiser Picard, le père du droit belge ? À la suite de Drumont qui n'aurait pas inventé « la France juive », mais, en savant véritable, en aurait « révélé puissamment l'existence », Picard croit-il vraiment à ses fantasmes ? Comme tout paranoïaque, il ne se croit pas

[102] *Idem,* p. 13. Picard paraît ainsi à l'origine de toutes les extensions abusives de l'antisémitisme politique vers une métaphysique de la haine des Juifs, dont la postérité se saisira avec d'autant plus de complaisance qu'elle élude en fait toute causalité historique au profit d'instincts naturels partagés avec tous les autres êtres vivants.

possédé par ses obsessions, et après avoir plaidé pour l'accusation, ne se sent-il pas obligé, *in fine*, de répondre à la défense ? L'uniformisation de l'espèce humaine n'est-elle pas irréversible ? ; Sémites et Aryens sont-ils encore séparables ? Il ne s'agit plus cette fois d'envisager une extermination théorique, mais la difficulté d'une véritable séparation, bien que « l'Histoire offre des exemples d'un nettoyage plus radical. Des races gênantes pour la civilisation de leurs dominateurs ont été exterminées. [...] Ces cruautés ne sont que des manifestations de la loi de contiguïté que nous avons mise en lumière. Mais ces pratiques impitoyables sont impossibles en Europe où l'âme aryenne est parvenue à un si haut développement d'humanité. [...] Un de nos dogmes est le respect de la vie humaine quelle qu'elle soit. Mais c'est exagérer ce respect que de le transformer en égalité absolue et de méconnaître ce principe de salut : *Une race ne doit pas se laisser gouverner par une autre, ni se croiser avec une autre.*[103] »

Des auditeurs de ses conférences lui ayant objecté la complémentarité avantageuse des types humains, Picard signe et persiste sur ses lignes de défense : les questions sociales ne peuvent être résolues – curieux juriste ! – sans l'exclusion de Sem. « L'antisémitisme est donc englobé, en plein, dans les problèmes dont la Démocratie et le Droit ne peuvent se désintéresser. Le mot de Drumont revient ici avec une clarté nouvelle : 'Tant que ceux qui s'occupent des questions sociales n'auront pas étudié le Juif, ils ne feront que de la bouillie pour les chats.' C'est du sentimentalisme et de la puérilité, en science révolutionnaire (*sic*), que de vouloir tenir les Juifs indemnes parce que Lassalle et Karl Marx, ces grands prêcheurs de réformes et de l'égalité, auraient été eux-mêmes des Juifs plus ou moins authentiques – pas plus que Jésus-Christ apparemment. [...]

[103] *Ibid.,* p. 77.

Méfions-nous donc, méfions-nous ! Et mettons à l'ordre du jour du Droit et du Socialisme, qui désormais n'est plus un épouvantail mais un vaste institut de science où se rencontrent et travaillent les esprits de toutes les classes avides de justice : *l'Antisémitisme !* [...] Il nous faut une législation draconienne frappant les *Crimes contre les masses,* les coups de bourse infâmes, les accaparements odieux. Il nous faut une réforme de notre candide droit commun, fait pour les races productives, et qui, dans son respect pour la propriété quelque contaminée qu'en soit la source, et la liberté des contrats, devient une grotesque duperie quand il est manié à leur profit par des races parasitaires. [...] Il faut aussi l'exclusion du Juif des fonctions gouvernementales, moins par la loi que par les mœurs, le parti pris raisonné de ne lui laisser aucune part dans la direction de notre civilisation, de donner en toute chose la priorité à l'Aryen. Quand un problème est bien posé, il est à moitié résolu.[104] »

Les mots seuls ne résolvant jamais rien, et l'autre moitié étant insoluble, Picard ne peut qu'en rester là dans ses cent pages de stérile polémique. La véritable question à se poser est alors celle-ci : pourquoi le juriste belge demeura-t-il isolé, non seulement dans sa propre famille politique, mais dans la vie publique du pays en général ? Et c'est l'histoire qui, comme toujours, nous en fournit la réponse. Parce que, dans la société belge, contrairement à la française ou à l'allemande, il n'existe aucune opposition interne fondamentale à laquelle l'antisémitisme – la mise en cause du Juif imaginaire – puisse servir de diversion fantasmée. L'antisémitisme français est étroitement imbriqué dans les contradictions de la politique impérialiste ou colonisatrice, vers l'Orient ou vers l'Afrique du Nord ; l'antisémitisme allemand est intimement lié aux conflits issus de la Réforme et aux fortes oppositions régionales à l'unification de

---

[104] *Ibid.,* pp. 96 à 98.

l'empire. Trois ans après la parution du livre de Picard, son maître à penser en la matière, Drumont, organise dans son journal *La Libre* Parole, un concours basé sur la question : « Des moyens pratiques d'arriver à l'anéantissement de la puissance juive en France, le danger juif étant considéré du point de vue de la race et non du point de vue religieux »[105]. Wilhelm Marr avait déjà traité du sujet seize ans auparavant. Mais la Belgique, pour sa part, n'avait aucune raison de s'insérer dans la surenchère antisémite franco-germanique. On peut penser que si la colonie congolaise avait été peuplée d'Arabes les propos racistes de Picard auraient trouvé chez nous davantage d'échos. Par malheur pour lui, la colonisation belge s'affirme libératrice des Noirs, emmenés en esclavage par les traitants arabes. La logique de l'histoire est aussi illogique que les théories de Picard.

---

[105] Jean-Denis Bredin, *Bernard Lazare, de l'anarchiste au prophète,* Paris, 1992, Éditions de Fallois, p. 168.

12. Un autre socialiste en avocat des Juifs

Mon livre s'étant donné pour objet ce moment charnière de l'histoire européenne, où en raison des circonstances un groupe humain fut particulièrement stigmatisé en cause principale, voire unique, des tensions entre nations s'armant de plus en plus en vue de guerres jugées inéluctables, ce groupe-cible se réduisant, d'abstraction en abstraction, en un mot au singulier, « le Juif », dont l'antisémite entend débarrasser le monde pour le guérir de tous ses maux, je ne pourrai que saluer comme il convient, à sa mesure exceptionnelle, un effort de clarification qui se situe d'emblée bien au-dessus de la prétendue synthèse de Picard. Il s'agit du livre magistral de son confrère nîmois, Bernard Lazare, *L'Antisémitisme, son histoire et ses causes*[106], paru à la mi-1894, soit – il est bien nécessaire de le rappeler aujourd'hui – avant même le commencement de l'Affaire Dreyfus, dans laquelle l'avocat nîmois s'engagera à fond. À cet ouvrage de 400 pages, Lazare a consacré au moins trois années de recherches, ce qui le place très au-dessus de celui de Picard, qu'il connaît bien.

Hélas, le manque d'assurance et de lucidité de l'Israélite français qu'est Lazare va le pousser à se placer, bien que pour tenter de la réfuter, sur la position de l'adversaire antisémite. Comme l'a montré le livre de Picard, l'extension rétrospective d'un « antisémitisme » viscéral à toute la durée de la présence historique des Juifs depuis l'antiquité est elle-même une fiction, dont la reprise par Lazare ne peut que conforter l'existence présumée. Donner à l'antisémitisme une histoire longue, c'est-à-dire projeter dans le temps et l'espace ce qui n'est qu'une opinion contemporaine aura de fatales conséquences. Ce que d'autres

[106] B. Lazare, *L'Antisémitisme, son histoire et ses causes,* Paris, 1894, Léon Chailley (en ligne sur Wikisource). Réédité en 1990 *Les Éditions 1900* avec une préface de J.-D. Bredin.

(Jacques Basnage, Heinrich Graetz, etc.) avaient traité avant lui comme une histoire des Juifs, devient par transmutation verbale, histoire d'un indéfinissable sentiment d'hostilité extensible à volonté. Et quelle que soit l'ampleur du travail de Lazare pour contextualiser la situation de ces Juifs, sa démarche contribuera d'autant plus à donner à l'antisémitisme une dimension concrète, qu'il défendra aussitôt Dreyfus, dont le procès n'est lui-même que la conséquence de toute cette agitation politique depuis la défaite française de 1870 et l'arrachement de ce que le Reich nommera Alsace-Lorraine.

Bernard Lazare est ainsi devenu à son corps défendant une figure tragique donnant naissance à une pseudo-histoire, alors que, comme il l'exprime dans l'avertissement préalable, il n'a voulu écrire qu'une « étude impartiale, une étude d'histoire et de sociologie ». Cet avertissement résume toute l'inversion de perspective, dont le nom de l'auteur est presque symbolique : il s'appelait en réalité Lazare Bernard.

« Il m'a semblé », écrit-il dans son avertissement, « qu'une opinion aussi universelle que l'antisémitisme, ayant fleuri dans tous les lieux et dans tous les temps, avant l'ère chrétienne et après, à Alexandrie, à Rome et à Antioche, en Arabie et en Perse, dans l'Europe du moyen âge et dans l'Europe moderne, en un mot, dans toutes les parties du monde où il y a eu des Juifs, il m'a semblé qu'une telle opinion ne pouvait être le résultat d'une fantaisie et d'un caprice perpétuel, et qu'il devait y avoir à son éclosion et à sa permanence des raisons profondes et sérieuses. Aussi ai-je voulu donner un tableau d'ensemble de l'antisémitisme, de son histoire et de ses causes, j'en ai voulu suivre les modifications successives, les transformations et les changements. »

Bernard Lazare, baignant depuis l'enfance dans un milieu chrétien imprégné de judaïsme, en reprend inconsciemment toute la démarche idéaliste qui place les idées (*une opinion*) à l'origine de toute évolution, toutes ces idées étant potentiellement inscrites dans le plan divin du monde. Et s'il ne viendrait à l'esprit d'aucun auteur d'écrire *Le nazisme, son histoire et ses causes,* faisant du *socialisme national* ou *national-socialisme* une opinion universelle, et alors que ce serait un jeu d'enfant d'en trouver tant d'exemples depuis les temps les plus reculés, dans le cas de l'*antisémitisme,* le sens critique se trouve d'emblée paralysé par tout le poids de la tradition religieuse. Que le massacre par un État et son armée moderne de populations innocentes ait pu ultérieurement être baptisé d'*holocauste* démontre à suffisance combien, si les mots devaient avoir une histoire propre, elle serait à mille lieues de l'histoire réelle des hommes.

Alors qu'il est l'objet d'attaques d'une partie de ses concitoyens, Lazare ne peut se départir de sa perspective initiale et comprendre que si *antisémitisme* a un sens, il ne peut être trouvé que dans un rapport social et non dans une essence abstraite. Comment lui vient-il à l'esprit d'écrire : « il faut donc que les causes générales de l'antisémitisme aient toujours résidé en Israël même et non chez ceux qui le combattirent[107] ». Ce rapport met en relation des acteurs concrets, en chair et en os comme lui. Et qui plus est, des acteurs qui ne cessent de changer à tous points de vue. Dégager des causes générales, comme il prétend le faire dans le premier chapitre, relève d'une absence totale de dialectique, car ces prétendues causes relèvent d'un autre a priori indéfendable : le Juif immuable et éternel. « En effet, toutes ces causes que nous venons d'énumérer, si elles sont générales, ne sont pas uniques. Je les ai appelées générales, parce qu'elles dépendent d'un élément fixe : le Juif. » Dernière contradiction enfin : concilier l'idée d'un antisémitisme moderne – ce qu'il est de fait – avec une permanence

[107] *Idem,* p. 2.

métaphysique, conduit Lazare à danser constamment d'un pied sur l'autre. Il sait que « les antisémites modernes… se cherchent des aïeux », mais il reprend néanmoins leurs visions rétrospectives, tout en se réservant d'établir ses propres définitions. « Il n'y a antisémitisme réel (?) que lorsque les Juifs, abandonnant leur patrie, s'installent en colons dans des pays étrangers et se trouvent en contact avec des peuples autochtones ou établis de longue date, peuples de mœurs, de race et de religion opposées à celles des Hébreux.[108] »

L'antisémitisme contemporain que Lazare s'efforce de combattre s'éclaire-t-il par l'élargissement du concept à un passé lointain, nécessairement plus difficile à appréhender historiquement. Je ne le crois pas, bien au contraire. S'il existe une coupure, à la chronologie assez floue, Lazare la résume à de nombreuses reprises comme suit : « L'antijudaïsme, qui avait été d'abord religieux, devint économique, ou, pour mieux dire, les causes religieuses, qui avaient jadis été dominantes dans l'antijudaïsme, furent subordonnées aux causes économiques et sociales.[109] » Ensuite, selon l'auteur, des considérations ethnologiques (la race) et nationales s'ajoutèrent aux intérêts économiques : « Cette dernière forme de l'antisémitisme est moderne, elle est née en Allemagne, et c'est aux Allemands que les antisémites français en ont emprunté la théorie. » Non exempte d'un certain chauvinisme, la théorisation de Lazare fait rapidement l'impasse sur les nouvelles rivalités nationales pour conclure : « Nous pouvons donc réduire les diverses variétés de l'antisémitisme à trois : l'antisémitisme chrétien, l'antisémitisme économique, l'antisémitisme ethnologique. Dans l'examen que nous venons d'en faire, nous avons constaté que les griefs des antisémites étaient des griefs religieux, des griefs sociaux, des griefs ethnologiques, des griefs

[108] *Ibid.*, p. 23.
[109] *Ibid.*, p. 227.

nationaux, des griefs intellectuels et moraux. Pour l'antisémite, le Juif est un individu de race étrangère, incapable de s'adapter, hostile à la civilisation et à la foi chrétiennes, immoral, anti-social, d'un intellect différent de l'intellect aryen, et en outre déprédateur et malfaisant.[110] » Et c'est selon ce schéma – totalement inapplicable aux situations antérieures qu'il a passées en revue, que Lazare va s'efforcer de distinguer les causes possibles (c'est-à-dire attribuables à des Juifs) des préjugés (des soi-disant peuples non juifs). Entièrement prisonnier de ce modèle bipolaire, l'avocat généreux de Juifs menacés ne parvient à aucun moment à dépasser ses limites mentales. Ne serait-il que l'image inversée d'Edmond Picard, qui souhaite s'imposer comme l'avocat tout aussi désintéressé et généreux des « Aryens » menacés par l'invasion sémite ?

Au moment de conclure sa longue enquête qui s'étend sur deux à trois millénaires, tout en reconnaissant une brusque accélération au cours du siècle dernier, Lazare est déchiré entre les deux visions, celle de Picard et son fatal antagonisme de race inné, et son espoir encore plus messianique que politique dans les possibilités de rapports sociaux entièrement renouvelés par l'activité humaine elle-même.

Première branche pessimiste de l'alternative, celle de « la haine de l'étranger », phénomène naturel permanent : « Les manifestations de l'antisémitisme actuel, du moins dans l'Europe occidentale, diffèrent des manifestations d'autrefois, les griefs ont varié, c'est-à-dire qu'on les a exprimés d'une autre façon, qu'on les a soutenus par des théories scientifiques, anthropologiques et ethnologiques, mais les causes n'ont pas sensiblement changé et l'antisémitisme contemporain ne diffère de l'antijudaïsme d'antan que parce qu'il est moins inconscient, plus raisonneur, plus dogmatique, moins impulsif et plus réfléchi. À la base de l'antisémitisme de nos jours, comme à la base de l'antijudaïsme

[110] *Ibid.,* p. 244.

du treizième siècle, se trouvent l'horreur et la haine de l'étranger. *C'est là la cause fondamentale de tout antisémitisme* [souligné par moi].[111] »

De profonds changements circonstanciels ouvriraient-ils une autre perspective plus optimiste ? Lazare paraît espérer dans ce sens : « Or, depuis cent ans, ces constantes ont varié [pour les Juifs occidentaux, précise-t-il]. Les lois extérieures qui régissaient les Juifs ont cessé d'être ; la législation spéciale et uniforme qu'ils subissaient a été abolie, ils sont désormais soumis aux lois des pays dont ils sont les citoyens, et ces lois, étant différentes selon les latitudes, sont un facteur de différenciation. [...] Comme ces façons sont différentes, elles différencient encore les Juifs, et des dissemblances de plus en plus grandes naissent désormais entre eux. Ils s'éloignent tous les jours de ce type professionnel et confessionnel qui existe encore, mais qui, fatalement, nécessairement, tend à disparaître, et n'est maintenu que par les constantes intérieures, c'est-à-dire par la religion, par les rites et les habitudes qui en dépendent. »[112]

Comme dans de nombreuses branches du mouvement socialiste international – chez Bebel et les sociaux-démocrates allemands au même moment – Lazare fait sans doute preuve d'un optimisme excessif quant à la durée des changements sociaux et à leur possible régression. Il reporte sans doute hâtivement sur l'antisémitisme la perspective d'une auto-dissolution du capitalisme sous l'effet de ses propres contradictions. « Ainsi, inconsciemment, l'antisémitisme prépare sa propre ruine, il porte en lui son germe de destruction, et cela, inévitablement, puisque, en ouvrant la voie au socialisme et au communisme, il travaille à éliminer non seulement les causes économiques, mais encore les causes religieuses et nationales qui l'ont engendré et qui disparaîtront avec la société actuelle dont elles sont les produits. »

---

[111] *Ibid.,* p. 394.
[112] *Ibid.,* p. 400.

Ainsi s'achève sur un optimisme qui n'est pas plus fondé « sociologiquement » que l'idée d'une « superstructure » idéologique issue synchroniquement de changements matériels. L'idée même que les religions, de sources bien plus anciennes, puissent être mises quasi mécaniquement en parallèle avec les rapports de production est fausse et prépare à bien des futures désillusions. Mais, pratiquement, Picard et Lazare incarnent bien deux courants contraires dans la relation problématique de l'époque entre socialisme et antisémitisme. Et c'est essentiellement à ces relations que je voudrais à présent revenir sur un plan plus général, car elles ouvrent la voie à une explicitation du contexte historique qui nous éloignerait enfin de l'irrationalité qui perdure : l'antisémitisme comme manifestation d'une haine éternelle, à peu près l'équivalent des vertus dormitives du pavot.

13. Ordre et Révolution

Que la majorité des humains perçoivent globalement le monde d'abord sous la forme d'images synthétiques, de représentations symboliques qui en condensent la complexité en même temps qu'elles la leur dissimulent, la divinisent ou la diabolisent, paraît une évidence. Cet ordre symbolique des choses, l'incessante mutation des sociétés le remet constamment en question. De ce point de vue, la Révolution française et ses ondes de choc européennes, concomitantes avec la plus importante révolution de la production matérielle jamais traversée par l'humanité, ébranle tous les fondements spirituels de l'ordre établi, incarnés en Europe par la chrétienté, même divisée depuis la Réforme, elle-même reliée aux révoltes paysannes, dans lesquelles de nombreux penseurs du XIXe siècle ne manquent pas de voir les signes avant-coureurs de la modernité. Les sursauts révolutionnaires viennent de se succéder, comme des répliques plus tardives de 1789. 1830, 1848, 1870 ont été suivis de la première victoire militaire d'une nation chrétienne sur une autre, augurant d'une succession possible de revanches, laissant entrevoir la fin d'une « civilisation » chrétienne, autoproclamée gardienne de l'ordre social depuis plus de quinze siècles. Rien d'étonnant à ce que les premières réactions émanent du Vatican, pilier de l'ordre établi, dont le concile Vatican I proclame en 1870 l'infaillibilité papale en matière de dogme. Dès son intronisation en 1878, Léon XIII, successeur de Pie IX, reprend la tâche de son prédécesseur, avec plus de souplesse diplomatique mais semblable sur le fond. C'est qu'entretemps est né en 1871 le nouveau Reich allemand, dominé par la Prusse protestante et dans lequel les catholiques sont à présent minoritaires. Sa première encyclique *Quod apostolici muneris*, dite « sur les erreurs modernes », sera nommée aussitôt « sur le socialisme », car ce qu'elle dénonce au premier chef y est clairement exprimé : « Vous comprenez sans peine, Vénérables Frères, que Nous parlons de la secte de ces hommes qui s'appellent diversement et de noms presque barbares, socialistes, communistes ou nihilistes, et qui, répandus par toute la terre, et liés étroitement entre eux par un pacte inique, ne demandent plus désormais leur force aux ténèbres de réunions occultes, mais, se produisant au jour publiquement, et en toute confiance, s'efforcent de mener à bout le dessein, qu'ils ont formé depuis longtemps, de bouleverser les fondements de la société civile. Ce sont eux qui, assurément, et selon que l'atteste la parole divine, 'souillent toute chair, méprisent toute domination et blasphèment toute majesté'.[113] »

Introduisant ce « combat pour la civilisation » (*Kulturkampf,* en Allemagne), le pape ne manque pas de mettre en cause le laxisme de tous les gouvernants, ce qui aboutira aux lois antisocialistes 1878-1890 de Bismarck, ce protestant, donc ennemi de l'Église, mais qui répond à sa façon à l'injonction faite à tous les gouvernants de lutter contre « la peste du socialisme ».

« Mais ce qu'il faut déplorer, c'est que ceux à qui est confié le bien commun se laissent circonvenir par les fraudes des hommes impies et effrayer par leurs menaces, ont toujours manifesté à l'Église des dispositions suspectes et même hostiles. Ils n'ont pas compris que les efforts des sectes auraient été vains si la doctrine de l'Église catholique et l'autorité des Pontifes romains étaient demeurées en honneur, comme il est dû, aussi bien chez les princes que chez les peuples. Car l''Église du Dieu vivant, qui est la colonne et le soutien de la vérité', enseigne ces doctrines, ces préceptes par lesquels on pourvoit au salut et au repos de la

---

[113] Texte intégral sur le site du Vatican. Toutes les références renvoient à l'Ancien et au Nouveau Testament, à commencer par le prophète Isaïe.

société, en même temps qu'on arrête radicalement la funeste propagande du socialisme. »

Que l'on me comprenne bien : certes, le pape du « christianisme social » n'est pas, loin s'en faut, le créateur, ni le propagateur de l'antisémitisme politique qui jaillira, dans la confusion générale, quelques mois à peine après cette encyclique. Tout, dans l'histoire de l'Église catholique, apostolique et romaine le lui interdit, sous peine de se couper de ses racines hébraïques, même réduites à trois citations sur 18 qui étayent le texte papal. Aussi habile exégète que fin politique, Léon XIII inaugure un des plus longs pontificats (1878-1903) de l'Église à un moment décisif de son histoire. Il a pleinement conscience des conflits qui l'ont déjà opposée à ses propres courants nationaux et dont elle cherche à reprendre la maîtrise. Il sait même combien le socialisme, parce qu'il touche des masses chrétiennes de formation et de tradition, entraîne en son sein – comme le fit la Réforme dans la guerre des Paysans du XVIe siècle – un évangélisme socialisant : le Christ, voire Moïse, en pasteur de l'égalité, de la justice et de la paix. « En effet, bien que les socialistes, abusant de l'Évangile même [comme le pape abuse de la Torah], pour tromper plus facilement les gens mal avisés, aient accoutumés de le torturer pour le conformer à leurs doctrines, la vérité est qu'il y a une telle différence entre leurs dogmes pervers et la très pure doctrine de Jésus-Christ, qu'il ne saurait y en avoir de plus grande. [...] Ceux-là ne cessent, comme nous le savons, de proclamer que tous les hommes sont, par nature, égaux entre eux, et à cause de cela ils prétendent que l'on ne doit au pouvoir ni honneur ni respect, ni obéissance aux lois, sauf à celles qu'ils auraient sanctionnées d'après leur caprice. »

Je dis clairement qu'il n'y a pas trace du moindre antisémitisme (au seul sens politique moderne qui est le sien) dans la diplomatie papale, mais que c'est dans le contexte des conflits nationaux du moment que ce courant va prendre naissance, au confluent du débat politique et de la crise théologique. Dans sa remarquable biographie de Léon XIII, couverte par l'autorité papale, le théologien Bernard O'Reilly n'intitule pas en vain le premier chapitre du pontificat : Léon XIII et la Révolution. Même si Bismarck est un fils de la Réforme, le pape est certain de s'accorder avec lui contre le socialisme. « Vous savez bien, Monsieur le cardinal, que [...] nous avons écrit aussi au puissant empereur de l'illustre nation allemande qui s'imposait d'une manière toute spéciale à notre sollicitude, à cause de la triste situation faite aux catholiques. [...] L'importance de ce but, justement apprécié par la haute intelligence de ceux qui régissent les destinées de cet empire [Guillaume Ier et Bismarck], les conduira à nous donner amicalement la main pour nous aider à y parvenir. L'Église assurément se réjouirait de voir la paix rendue à ce noble peuple, mais l'empire lui-même ne se réjouirait pas moins de voir les consciences tranquilles et de compter, comme en d'autres temps, les catholiques parmi ses sujets les plus fidèles et les plus généreux.[114] »

Tous les acteurs importants de la vie sociale s'efforcent d'agir rationnellement – car l'action, quelle qu'elle soit, est nécessairement orientée vers un objectif censé en être l'effet – mais cette « rationalité » trouve ses limites dans leurs conceptions du monde, et leurs intérêts les empêchent d'en prendre conscience. C'est pourquoi les conceptions nouvelles surgissent spontanément des oppositions d'intérêts réelles, et l'antisémitisme ne fait pas exception à la règle, pas plus que personne ne peut se targuer d'avoir inventé une religion. La substitution de Sémites ou d'Aryens à des populations pratiquant tel ou tel culte, habitant tel ou tel territoire, ne surgit que progressivement, et parfois même

---

[114] Bernard O'Reilly, *Vie de Léon XIII, son siècle, son pontificat, son influence,* Paris, 1887, Firmin Didot. Lettre du pape à son secrétaire d'État, le cardinal Alexandre Franchi, p. 372.

totalement à rebours de la volonté ou des attentes de ses promoteurs. Pour comprendre ces processus collectifs, les historiens contemporains sont à cet égard privilégiés par une disponibilité des sources sans commune mesure avec celle du passé. Lesquelles faut-il prendre en compte ? Les plus influentes ou toutes celles qui ont cheminé plus souterrainement mais n'en sont pas moins révélatrices ? Edmond Picard, nous l'avons dit, malgré sa grande influence jusqu'au sein même du socialisme, par l'ampleur de ses réseaux sociaux, a, dans des circonstances locales, pu passer pour un original mythomane en la matière. Il est loin d'être le plus incohérent dans les rapprochements abusifs et hasardeux qui forgent l'antisémitisme. Peut-être a-t-il même subi l'influence d'Eugène Gellion-Danglar, républicain anticatholique radical, dont le livre *Les Sémites et le Sémitisme*[115] anticipe et précède de cinq ans les impressions de voyage de Picard au Maroc. La mort de l'auteur après sa parution rend vaine toute interrogation sur le rôle qu'il aurait pu jouer, mais on peut penser que ce préfet, auteur de *La République française et l'Europe*, représentait plus que sa propre personne.

« Depuis quelque temps [deux ans à peine, J. A.], la question du sémitisme fait un bruit énorme chez les Allemands et les divise en deux bandes acharnées l'une contre l'autre, les *antisémites* et les *philosémites.* En Russie, la lutte a pris tout de suite un caractère de violence sauvage, et présente l'odieux spectacle de pillages et de massacres que l'autorité est ou se dit impuissante, soit à prévenir, soit à réprimer. Il semble que le gouvernement russe veuille profiter de l'occasion pour donner le change au peuple sur le nihilisme. Il n'hésite pas, en effet, à accuser les nihilistes, qui ont, il en sait quelque chose, de tout autres préoccupations, d'être les auteurs des crimes commis contre les

[115] E. Gellion-Danglar, *Les Sémites et le Sémitisme au point de vue ethnographique, religieux et politique,* Paris, 1882, Maisonneuve.

personnes ou les propriétés des Israélites », ainsi s'ouvre un récit en prise directe avec l'actualité. Mais il ajoute : « Cette actualité d'outre-Rhin et d'outre-Vistule, si elle a pu rendre opportune la publication de ce livre, n'est assurément pour rien (*sic*) dans la pensée qui l'a inspiré et fait écrire. Nous en dirons autant des événements qui se produisent en ce moment dans notre colonie africaine et en Tunisie. Ces événements n'étaient pas nécessaires pour rappeler et fixer l'intérêt du public français sur la question des Sémites et du sémitisme, puisque la présence d'une nombreuse population sémitique en Algérie et tout autour d'elle donne à cette question une actualité, en quelque sorte, permanente. »

Toute la fixation obsessionnelle de Picard sur le critère de « race » est esquissée dans le premier chapitre de Gellion, par la réduction du Sémite à un type permanent, selon la méthode chère à Gobineau et à Renan : « Le Sémite n'est point fait pour la civilisation et pour l'état sédentaire. Au désert, sous la tente, il a sa beauté, sa grandeur propres ; il suit sa voie ; il forme harmonie avec le reste de l'humanité. Ailleurs, il est déplacé ; toutes ses qualités disparaissent ; ses vices ressortent. Le Sémite, homme de proie dans les sables de l'Arabie, héroïque dans un certain sens, devient un vil intrigant dans la société. Quelques-uns arrivent à être ministres et favoris des rois, comme cela s'est vu en Égypte, à Babylone, à Suse, et dans quelques capitales modernes ; la masse rampe aux plus bas échelons : tous traitent le coin de terre où ils se sont arrêtés en pays conquis et le dévastent insatiablement. »

Et d'ajouter cependant : « Qui pourra déterminer dans quelles proportions tel groupe, telle famille, tel individu aryen a été sémitisé, ou tel individu sémite a été aryanisé par le mélange des sangs, de génération en génération ? Il faudrait pourtant avoir cette balance exacte et scrupuleuse pour juger l'histoire, la vie, la valeur de chacun. [...] En attendant les progrès que la science ethnologique ne manquera pas de faire, on peut se servir avec fruit des données et des connaissances qu'on possède. Le but que doit se proposer toute société aryenne qui veut vivre, c'est de se purifier du sémitisme qui a infecté tous ses organes et jusqu'à la moelle. Quand on sait qui est l'ennemi et où il est, la victoire est proche et facile. Nous connaissons l'ennemi : nous ne lui ferons point de quartier.[116] »

Comme à chaque époque de l'évolution de l'humanité accédant à de nouvelles possibilités qu'elle a elle-même développées, aux possibilités de ses propres forces productives ou de celles de la nature qu'elle met en œuvre, s'ouvre nécessairement un éventail d'interprétation de ces faits, dont nous n'évoquons que quelques exemples parce qu'ils nous semblent symptomatiques ; ils n'en demeurent pas moins entourés de quantité d'autres, fournissant tous ensemble à l'historien curieux tout ce que l'humanité est capable d'imaginer en réponse à ses multiples interrogations. Nous avons pris l'habitude de les rassembler en réponses théologiques ou philosophiques. Avec les contemporains que sont Léon XIII, le pasteur protestant Stöcker, les philosophes Salvador ou Dühring, les publicistes Marr ou Drumont, les avocats Picard ou Lazare, nous n'avons qu'effleuré les réactions au libéralisme, socialisme, communisme, anarchisme, nihilisme, christianisme social qu'engendrent la nouvelle société industrielle et sa recomposition des « couches » ou « états » sociaux. Que certains penseurs croient ces réactions aussi vieilles que le monde ne tient qu'à une rétroprojection intéressée du passé sous des vocables modernes. Aucun courant de pensée n'a jamais échappé à cette mobilisation des morts dans l'armée des vivants. En 1892, par exemple, paraît l'ouvrage d'Henri Joly,

[116] *Idem*, pp. 6 et 7.

Le socialisme chrétien[117], faisant en marge des positions vaticanes, l'inventaire imaginaire des préfigurations du présent. Situant la Gnose parmi les hérésies, il écrit : Je voudrais simplement montrer qu'elle enseigna le communisme, que ce ne fut point par hasard, accidentellement, et que les Pères de l'Église ne se trompèrent pas en condamnant tout à la fois ce communisme et les doctrines philosophiques dont il paraissait être, dont il était la conséquence.[118] » Peut-être pourrait-on opposer à tous ces libres interprètes, quelques rares démarches plus objectives inspirées des sciences de la nature.

Prenons, à titre de parangon une fois encore, le livre exceptionnel de Salomon Reinach[119] qui fait le point d'un demi-siècle de recherches publiées en allemand, en anglais et en français sur la race, cette nouvelle croyance du positivisme destinée à chasser toutes les anciennes devenues obsolètes. Modeste comme le sont les vrais savants, Reinach renvoie tous les bavards de la Race à leur véritable ignorance et montre à quel point le roi est nu. Et ce n'est pas le moindre paradoxe, de voir que Reinach, parce qu'il se sent directement impliqué, prend le plus de distance par rapport aux attaques dont il est l'objet. Chez Joly, il n'est même pas nécessaire que, comme chez le grossier chrétien Drumont, le mot antisémite soit prononcé ; toutes les hérésies y sont « judaïsantes ». « On pourrait suivre à travers les premiers siècles et dans tout le cours du moyen âge les destinées souvent interrompues, souvent reprises de ces doctrines communistes. Elles disparaissent, elles semblent s'effacer, puis

---

[117] H. Joly, *Le Socialisme chrétien, Les origines – la tradition – les hérésies – théologiens, prédicateurs, missionnaires – la crise de 1848 – les dernières écoles,* Paris, 1892, Hachette.

[118] *Idem,* p. 89. Bel exemple de la démarche nominaliste qui traverse tout l'ouvrage. Pour peu que paraître équivaille à être, et que la conséquence devienne cause, tout s'explique à loisir.

[119] S. Reinach, *L'origine des Aryens. Histoire d'une controverse, Paris, 1892, Ernest Leroux.*

elles renaissent à la parole d'un hérésiarque, elles se propagent dans certaines foules, à peu près comme se propagent de nos jours les prédications de l'Armée du Salut.[120] » Petit coup de griffe en passant aux concurrents protestants, par ce militant très actif de la Ligue nationale contre l'athéisme.

Selon les pays, les réponses à ces questions brûlantes mises à jour par l'actualité ne trouvent plus les mêmes réponses, notamment sur le plan religieux, du fait d'une histoire très différente, exacerbée par les tensions nationales, lesquelles mettent progressivement fin à un espace intellectuel européen encore ouvert et perméable à l'échange. Dans ces conditions, l'argumentation fait rapidement place à l'insulte, et le niveau de l'intelligence s'abaisse progressivement. Toutes les distinctions se brouillent, comme le montrera bientôt l'Affaire Dreyfus, et c'est pourquoi, à dessein, j'ai choisi de m'arrêter avant ses prémices. Durant la décennie où l'antisémitisme s'étend et fait tache d'huile, on aurait pu penser, comme Lazare en 1894 dans les dernières lignes de son livre, que ce symptôme était « l'une des manifestations persistantes et dernières du vieil esprit de réaction et d'étroit conservatisme qui essaie vainement d'arrêter l'évolution révolutionnaire ». Ce fut sa principale erreur, car, sauf à croire à un plan divin en faveur de l'homme, quel que soit le temps qu'il mette à l'accomplir, le destin fatalement contradictoire de l'univers ne peut être tranché par le seul principe espérance.

[120] H. Joly, *Le Socialisme chrétien. Op. cit.*, p. 102.

14. L'antisémitisme révèle la crise des sociétés modernes

La nature humaine et la société en-dehors de laquelle aucun être humain ne subsisterait ni ne se développerait ne présentent en principe pas plus de difficultés à être connues et comprises que tous les autres aspects de l'univers qui nous englobe. Ce savoir global nous appartient en propre, il possède donc une histoire au cours de laquelle se sont progressivement mis en place les outils et les méthodes de toute connaissance. Dans une dialectique constante de cet outillage matériel et des principes intellectuels qui y correspondent.

C'est dans cet enchaînement sans commencement ni fin – dans les limites de l'existence de l'espèce humaine – que j'ai choisi de découper une courte période bien délimitée, sachant évidemment que ce qui s'y rencontre de spécifique résulte de causes antérieures multiples, rien ne demeurant immuable chez l'homme et dans ses conditions d'existence. L'apparition du mot nouveau *antisémitisme* (1879) est l'indice d'un changement de perception dans les relations de certains groupes d'humains appelés jusque-là Juifs, en fonction de liens particuliers, encore de nature essentiellement religieuse. Les pouvoirs séculiers s'élargissant et s'appuyant sur de nouvelles couches de population, les liens religieux se diversifièrent aux couleurs nationales de plus en plus affirmées, et d'autres formations revendiquèrent leur primauté dans la définition du lien identitaire sous lequel elles se reconnaissent. Les limites de ces appellations demeuraient floues, certaines ne connaissant qu'une brève reconnaissance, d'autres se renforçant au gré des divisions ou des alliances entre pouvoirs religieux ou séculiers. *Juif* cessa d'être un prédicat religieux pour se mélanger de plus en plus à des contingences territoriales, en fonction de l'adaptation d'un fond traditionnel très ancien aux pressions de son environnement. Très curieuse est, dans ce contexte, l'évolution d'un lien particulier de nature religieuse, maintenu par une caste de prêtres et de notables, vers des liens d'appartenance ethnique, de filiation populaire ou raciale, dont l'ambiguïté même reflétait la mouvance perpétuelle. Toutes les conditions paraissaient réunies pour la naissance d'une chimère : le type racial, la figure d'une créature menaçante aux membres disparates. *Juif* se distingua *d'Israélite,* et le *Sémite* se démarqua des deux. Nous avons noté avec quelle incohérence se forgèrent des catégories englobantes aussi imaginaires que ces races, dont les noms bizarres s'inspirèrent autant de traits superficiels que de développements érudits. Par quelles voies hasardeuses *Sémite* en vient-il à comprendre des noyaux épars de populations aussi diversifiées qu'Ashkénazes ou Séfarades, parlant langues ou dialectes variés, se réclamant d'origines aussi incertaines, pratiquant la religion traditionnelle avec autant de variétés qu'il y avait d'autorités en ce domaine ?

Il fallait, selon nous, que tous ces petits groupes éparpillés mais interconnectés fissent l'objet de la rivalité croissante des grandes entités politiques de plus en plus engagées dans une concurrence territoriale et économique, plus guerrière que pacifique, plus militaire que diplomatique, pour être tous rassemblés sous ce commun dénominateur arbitraire de Sémites, et être rejetés en « questions » insolubles – la question juive ou la question d'Orient – sous quelque forme politique que ce soit mais toujours incomparables aux structures dominantes qui s'imposaient : empires ou États-nations. Ces derniers avaient beau agglomérer des entités très diverses, souvent antérieurement rivales, elles n'en formaient pas moins avec le temps des territoires homogènes sur lesquels s'imposait un pouvoir unique.

La période ouverte en 1879, par l'apparition d'un concept nouveau, *antisémitisme*, nous avons pensé pouvoir la refermer aussitôt que ce clivage trouva sa reconnaissance, si pas légale, tout au moins idéologique, au sein de ces grandes puissances européennes, rapidement incapables – à Berlin dès 1878 – de convenir du sort de ces petites communautés « sémites », sans parler des autres petites « nationalités » minoritaires, pourtant de même confession que la population chrétienne majoritaire. En refermant ce laps de temps en 1894, nous pensons avoir isolé ce que nous pourrions appeler un *antisémitisme* « pur », désignant l'ennemi intérieur et extérieur par la remise en question du compromis politique promu par l'État européen le plus puissant de l'époque, la France de 1789. La violence de la réaction anti-émancipatrice culmina avec la date symbolique du centième anniversaire de cette révolution : 1889. La crainte d'une révolution sociale impossible à maîtriser cimenta le rejet du Sémite, coupable d'intervenir en étranger dans des sociétés que l'amour chrétien ne parvenait plus à unifier. La période qui suivit vit s'affirmer de son côté en 1897 un nationalisme juif organisé, sous un autre néologisme – le sionisme – encore déterritorialisé et très minoritaire jusqu'à la Première Guerre mondiale, moment historique où l'humanité bascula dans une ère nouvelle. L'*antisémitisme* y atteint son acmé, qui n'est pas sans rapport avec toutes les fictions qui le soutiennent : il s'agit de renvoyer enfin les Sémites chez les Sémites, au sens global que lui donnaient encore Picard, Gellion, et les grandes puissances à la conquête de colonies. De renvoyer les Sémites juifs dans le pays de leurs origines mythiques.

Pourquoi revenir prioritairement sur cet instant-charnière où les fictions anciennes vacillent, où de nouvelles émergent ? La connaissance des sociétés humaines, comme toutes les autres, ne progresse que par comparaison ; il lui faut des repères, une échelle de mesure entre toutes les options relatives et les notions absolues qui en dérivent. Dans les croyances traditionnelles de sociétés relativement stables, l'absolu se nommait Dieu, dont l'unité était censée contenir tous les autres absolus singuliers : droit, justice, égalité, liberté, fraternité, auxquels s'ajoutèrent démocratie, socialisme, communisme, à mesure que davantage d'humains, les exclus et marginaux d'hier, entraient dans les forces sociales incontournables. Sur le Dieu chrétien, sa source juive avait, dans le domaine de la logique théologique, une supériorité incontestable : le Dieu juif était davantage de ce monde et moins écartelé entre le dualisme de la matière et de l'esprit. Il n'en restait pas moins une illusion dont la stabilité s'ébranlait, elle aussi, au contact des rivalités séculières. La religiosité, dans la mesure où elle maintenait encore l'espoir d'un lien idéal, ne remplissait plus que difficilement ce rôle. L'obstacle à cette désintégration du lien social de nature divine, ce furent ces Fils de Sem auxquels on arracha leur propre filiation, Dieu-le-fils, de Dieu-le-Père, le fils décrété aryen du père baptisé sémite.

L'imagination des hommes rencontrant rapidement ses propres limites comme thérapie des maux sociaux, nous avons vu que quinze années suffirent déjà pour voir naître une histoire, voire une synthèse de ce remède miraculeux : l'antisémitisme, comme séparation, exclusion ou élimination du Juif, de celui qui n'avait jamais su voir que le Dieu qui s'était révélé à lui et à lui seul, était en « réalité » le Diable, plus puissant dans ses maléfices que le Tout-Puissant.

Là encore, le dualisme chrétien continuait à dominer, et ce n'est pas sans raison qu'un philosophe juif allemand qui éprouva dans sa chair la montée de l'antisémitisme au cours de son adolescence, le compara à la chasse aux sorcières, ces créatures aussi fictives que les Juifs dans l'esprit de ses contemporains[121]. Toutes les « petites » fictions passagères

---

[121] Constantin Brunner, *Écoute Israël, écoute aussi Non-Israël (Les sorcières),* et *La nécessaire auto-émancipation des Juifs allemands, 1931,*

s'inscrivent dans la grande illusion propre à l'homme, de prendre le monde pour une création de son « esprit », de sa prétendue supériorité spirituelle sur les choses dont il fait lui-même partie.

Un de ces philosophes idéalistes, particulièrement porté à tenir ses propres intuitions pour des « lois » naturelles, explications suprêmes de toute l'évolution du monde, jusqu'à ce qu'elles se soient enfin révélées à lui par des voies aussi souterraines que miraculeuses, a joué un rôle central dans la querelle de l'antisémitisme de l'époque : Eugen Dühring[122]. Son ouvrage déjà évoqué est le témoin le plus révélateur, à la fois de son développement chronologique, et par ailleurs de ses liens profonds avec le socialisme. En effet, s'il a paru pour la première fois en 1881, il n'a cessé d'être remanié dans ses six éditions successives jusqu'en 1894. Chargé de cours (*Privatdocent*) à l'Université de Berlin, son influence fut d'autant plus grande dans la social-démocratie de son pays, que cet athée apparaissait mu par des objectifs sociaux. Son crédit ne commença, comme on sait, à y être ébranlé que lorsque Engels, à la demande pressante de certains dirigeants socialistes, dénonça l'amateurisme de ses références à caractère scientifique, ce qui n'empêcha pas un important cercle d'affiliés de prendre sa défense. C'est en partie en réaction à cette mise en cause personnelle, que ses tendances antisémites, à peine esquissées jusque-là, devinrent l'axe central de sa doctrine politique et de ses rapports à la question sociale. Il devint proprement l'inventeur d'un socialisme national, promis à la

---

Introduction, traduction et notes de Jacques Aron, Bruxelles, 2011, Didier Devillez.

[122] Eugen Dühring, *Die Judenfrage als Racen-, Sitten- und Culturfrage. Mit einer weltgeschichtlichen Antwort,* Karlsruhe et Leipzig, 1881, H. Reuther. (La question juive, comme question de race, de morale et de civilisation. Avec une réponse universelle)

descendance que l'on sait. Comme son livre parut au moment où le parti social-démocrate était encore sous le coup des lois antisocialistes de Bismarck, il ne mettait encore en cause que les partis conservateurs, catholiques et libéraux, auxquels il reprochait trop de complaisances envers les Juifs. Mais au fur et à mesure que croissait l'influence du parti socialiste et que celui-ci résistait à la diversion antisémite, ses positions se distancièrent de celles du parti et de ses principaux dirigeants. Mettant l'accent sur une « race » immuable, celle des *Hébreux*, pour bien marquer sa distance temporelle vis-à-vis des Juifs ou des Israélites contemporains, il en vint à dénoncer aussi, et de plus en plus violemment, la résistance du parti à ses visées « populistes », au sens originel de « conformes aux sains instincts du peuple allemand ». Le sens politique du critère de race, fondement de l'exclusion se dégagea ainsi d'édition en édition.

En 1881, sa réponse « de portée universelle à la question juive », selon sa propre expression, se formulait comme suit : « La solution consiste simplement, comme je l'ai montré dans mon livre, à maintenir en principe tous les fondements modernes [y compris le capitalisme, J. A.], mais à penser la race juive comme une race élue dotée d'une législation d'exception correspondante, uniquement valable pour elle. Cette issue permet aux tenants les plus radicaux de la liberté politique et économique d'agir librement contre la race juive. Elle ne viole aucun principe libéral et ne décide que d'une seule exception requise par la nature même de la chose. Ce n'est d'ailleurs une exception qu'en apparence, car elle découle des principes mêmes des peuples libres. Avec leur enjuivement, toute liberté disparaît, car la race juive est incapable d'être libre et, sous une législation égalitaire, elle ruine tous les autres peuples.[123] »

---

[123] *Idem*, p. 152.

Et passant en revue les différents partis qui soutiendraient sa position, il évoque pour finir l'attitude des socialistes Son propos nous permet de constater que si la social-démocratie ne le suit pas, lui Dühring, il ne désespère pas de la rallier à sa cause, les travailleurs étant censés posséder, eux aussi, ce sûr instinct populaire qui les prémunirait de l'influence délétère des Hébreux. « Tandis que toutes les autres forces (politiques) m'apparaissaient comme insuffisantes pour éliminer le pouvoir amoral de la race juive émancipée, je tenais le socialisme rigoureux pour un élément populaire véritable et suffisamment puissant à l'avenir pour être un moyen efficace de lutte contre l'égoïsme juif en le privant de ses possibilités d'exploitation. [...] D'autant que ce qu'on appelle chez nous socialisme est déjà entièrement enjuivé et a d'abord besoin tout autant que les autres courants et partis de se purifier de ses éléments juifs, avant qu'il n'en sorte quelque chose de sain.

La question juive est avant tout une question sociale, et même de première importance, alors qu'on ne la considère provisoirement que comme une question générale. Elle n'est pas seulement vitale pour les travailleurs en lutte, mais vitale pour tous les peuples modernes. Se débarrasser du cauchemar juif est l'affaire des nations. Les nations et tous leurs partis doivent agir contre l'orientalisme, comme s'il s'agissait d'une croisade pour la défense des droits nationaux contre un agresseur extérieur. [...] Les Juifs sont, telle sera toujours la conclusion des connaisseurs de cette race, une Carthage intérieure dont les peuples modernes doivent briser la puissance, pour ne pas être eux-mêmes victimes de la destruction de leurs bases matérielles et morales.[124] »

Plus de dix ans s'écouleront entre cette version de la question juive recyclée par un antisémite de terrain, qui suit pas à pas les progrès de sa politique de rejet de l'émancipation et d'exclusion des Juifs du Reich au nom du seul

[124] *Ibid.*, pp. 153 à 158.

commun dénominateur possible à ses yeux : l'abandon de toute référence religieuse et historique au profit du seul critère indéfinissable de la race, et sa dernière refonte en 1892[125]. Les Juifs y sont décrétés d'une autre espèce, incompatible à tous points de vue avec les peuples dits modernes ; s'en débarrasser serait une nécessité vitale, y compris, et peut-être surtout, pour venir à bout des tensions d'une société industrielle en pleine croissance. À chaque étape, Dühring s'informe de la tournure des événements, même du récent retour des procès pour meurtre rituel (Tisza-Eszlar, 1882 ; Xanten, 1891), dont il ne doute pas qu'ils s'inscrivent dans l'amoralité foncière des Juifs. Je ne me soucierai ici que de ses rapports conflictuels avec la social-démocratie qui le combat sans concession. Elle est bien devenue sa principale ennemie.

« Dans les années 1880, certains signes, parmi les peuples allemands, laissaient quasiment supposer que la social-démocratie enjuivée, dès qu'elle cesserait d'être sous la pression des lois antisocialistes [elles furent d'application jusqu'en 1890], serait en état de balayer partout, en dispersant ses réunions, un antisémitisme encore assez lamentable. Aujourd'hui, ce ne sont plus seulement les réactions imbéciles de partisans tordus et incapables qui s'opposent à elle, mais au contraire les vieux instincts naturels normaux des masses populaires qui font que les commandos sociaux-démocrates ne seraient plus si bien suivis s'ils voulaient empêcher les rassemblements antisémites et les remplacer en interne par un spectacle ou des résolutions exaltant les

---

[125] E. Dühring, *Die Judenfrage als Frage der Racenschändlichkeit für Existenz, Sitte und Cultur der Völker. Mit einer weltgeschichtlichen, religionsbezüglich, social und politisch freiheitlichen Antwort,* Berlin, 1892, H. Reuther's Verlagsbuchhandlung. Le titre a été légèrement modifié depuis la première édition : La question juive, comme question de la nocivité de la race (juive) pour l'existence, la morale et la civilisation des peuples. Avec une réponse sociale et politique libérale, concernant la religion mais de portée universelle.

Juifs. On en est là, alors que par ailleurs une grande part des masses obéit encore à des dirigeants hébraïques et ne s'indigne pas de voir des Hébreux, morts ou vivants, être considérés comme leurs libérateurs, et les morts quasiment comme des saints socialistes. Que se passera-t-il lorsque la fascination des Hébreux aura disparu et que le sentiment de l'honneur racial et d'une plus noble morale politique s'emparera aussi des masses.[126] »

[126] *Idem,* p. 176.

15. Dühring, un cas d'école

Rien n'est simple dans l'évolution des sociétés humaines et l'incroyable complexité des interactions matérielles et spirituelles n'apparaît hélas que pour l'observateur qui, par le recul historique, se trouve nécessairement mieux à même de reconstituer les cheminements individuels et collectifs, avec leurs parts respectives de lucidité et d'aveuglement. Et même pour nous, près d'un siècle et demi après la période considérée, celle de l'apparition d'un phénomène nouveau, l'antisémitisme politique, et nous interrogeant sur celui-ci, la distance critique née du mouvement incessant des choses, demeure une conscience fragile et relative. Le cas « Dühring » est d'autant plus exemplaire que ce penseur, comme Engels et Marx, rédacteurs conjoints de l'*Anti-Dühring*[127], se réclame également d'une objectivité propre à la science, cette discipline dont la croissance refoulerait toutes les anciennes croyances traditionnelles, davantage fondées, affirmait-on, sur des réactions instinctives, sentimentales ou passionnelles, plutôt que réfléchies à la lumière d'un acquis progressif proprement humain.

Pour tenter de comprendre – car tel reste notre objectif actuel – l'entrée « en antisémitisme » du « socialiste » Dühring, il nous faut absolument remonter dix ans avant son ouvrage exclusivement consacré à la « question juive », et accompagner ce mouvement socialiste dans la période décisive qui suit la guerre franco-prussienne, la Commune de Paris, la fondation du Deuxième Reich et l'annexion à celui-ci de l'Alsace-Lorraine arrachée à la France. En ces dix ans, l'Europe bascule dans un déséquilibre nouveau, au centre duquel l'Allemagne, plus précisément, est en train de prendre d'autant plus d'importance que son

[127] C'est sous ce titre que demeure aujourd'hui le livre de F. Engels, *M. E. Dühring bouleverse la science,* traduction d'Émile Bottigelli, Paris, 1973, Éditions sociales.

industrialisation s'accélère au rythme chaotique que l'Angleterre avait connu et qui y reçut le nom bizarre de *Manchestertum* (Manchestérianisme, système de Manchester), qu'Engels avait admirablement décrit dès 1845[128].

Rétrospectivement, il est possible de situer le rude débat entre Engels et Dühring dans la période qui conduit la social-démocratie allemande de son Programme de Gotha (1875) à l'adoption de celui d'Erfurt (1891), compte tenu de la quasi-paralysie du parti provoquée entre-temps par les lois antisocialistes du gouvernement (1878-1890). L'enjeu de cet affrontement est une clarification doctrinale sur la fin et les moyens du mouvement socialiste, sous sa forme internationale et dans ses sections nationales. Même le programme d'Erfurt, Marx et Engels ne l'ont pas jugé assez radical : c'est à une société socialiste fondée sur la propriété collective des principaux moyens de production qu'il faut tendre, dont la voie sera ouverte par une large démocratisation et décentralisation (idéalement une république démocratique, dont tous les rouages sont élus). Dühring se refuse à cette radicalité, la liberté individuelle qu'il revendique se limitant à un arbitrage étatique entre les forces économiques en présence : capitalistes d'une part, coopération organisée des travailleurs d'autre part. Mais ce débat interne met aussi en lumière la question souvent refoulée de la conscience « de classe » de ces travailleurs érigés en force motrice du changement. La misère et l'exploitation, l'aliénation, ne sauraient par nature en être la source. Il y a, dans toute société basée tant soit peu sur une division des tâches, des producteurs de la pensée qui se diffuse à travers toutes les composantes de celle-ci. Quand, dans l'*Anti-Dühring*, Engels affirme : « Le socialisme moderne n'est rien d'autre que le reflet dans la pensée de ce conflit actif, sa réflexion,

---

[128] Friedrich Engels, *La situation de la classe laborieuse en Angleterre*, traduction et notes par Gilbert Badia et Jean Frédéric, avant-propos de E. J. Hobsbawm, Paris, 1973, Éditions sociales.

sous forme d'idées, tout d'abord dans les cerveaux de la classe qui en souffre directement, la classe ouvrière », il sait qu'il ne s'agit pas d'une vérité absolue, mais de l'un des termes d'un processus global contradictoire qu'il développera longuement par ailleurs. La conscience d'un processus global ne saurait surgir que dans les cerveaux de ceux qui n'y sont pas directement impliqués, pas de ceux qui ne disposent même pas du moindre temps à y consacrer. Depuis quelques centaines d'années, les universités, prenant le relais du savoir de l'Église, passent pour le lieu de l'universalisation des connaissances ; Marx, à vingt-cinq ans, comprend que son statut social lui interdit d'y accéder, qu'il n'y a pas sa place ; Dühring, à quarante-quatre ans, s'en fera exclure pour en avoir enfreint les règles de la corporation. Mais pour tous deux, le savoir, la science dont ils se revendiquent constitue une force autonome, le produit de leur capacité de travail intellectuel, dont la socialisation est infiniment plus complexe. Adhérant au socialisme à partir de points de vue différents, ils s'opposeront dans un rôle similaire, celui, en partie fictif, en partie réel, de savant d'une société en mutation, dans laquelle cette nouvelle classe ouvrière exercerait un poids déterminant. Plutôt qu'au pouvoir établi, c'est à elle qu'ils proposent les services intellectuels qu'ils sont censés rendre à la hiérarchie en place. Leur savoir aussi est nouveau, comme le nom qu'il s'est donné et qui traverse les frontières : *Nationalökonomie,* économie politique. Comme on le voit, la traduction de cette « science » trahit déjà les nuances de sa perception : ce que les Français nomment « nation », les Allemands l'appellent *Volk,* peuple, parfois race, accentuant sa composante naturelle par rapport à la nation ; l'économie organisée de la nation, le peuple allemand doit encore s'en saisir par la voie de la politique, retardataire par rapport à celle de la France de 1789. À la conscience de classe spontanée de l'ouvrier, c'est la conscience élaborée du savant qu'ils sont censés apporter, fruit du travail intellectuel de plusieurs générations, dont ils se disputent la synthèse et l'interprétation à l'aune de leur engagement social. Les Anglais, premiers acteurs industrialisés, les ont précédés dans cette voie.

L'année de la constitution du nouveau Reich allemand, en 1871, Dühring publie son *Histoire critique de l'économie politique et du socialisme*[129]. Il la republie en 1875, après la première crise économique de cet État. C'est de cette édition qu'Engels partira, comme le montrent ses travaux préliminaires[130] ; il y note, en référence aux pages concernées, les sujets qui les opposent, soulignant sous le nom de « Dühringeries » les bizarreries qu'il y trouve. Il s'est également donné la peine de lire et d'annoter deux autres ouvrages de son contradicteur : *Cours de philosophie, comme vision du monde et conception de la vie strictement scientifiques* et *Cours d'économie politique et sociale, y compris les points principaux de la politique financière*, soit au total plus de 1.500 pages[131]. C'est assez dire combien l'ami de Marx prend au sérieux l'enjeu du débat qui secouera longtemps la social-démocratie allemande. Pour ses dirigeants de l'époque, Wilhelm Liebknecht et August Bebel, le soutien théorique de Marx et Engels face aux critiques acerbes du professeur de l'Université de Berlin en philosophie et science politique est d'une extrême importance. Pour Dühring, le socialisme auquel il affirme adhérer a pour principe sacré (au sens religieux) la liberté individuelle qu'il accorde abstraitement au capitaliste comme à l'ouvrier ou au « scientifique ». Il ne s'agit que d'établir un

---

[129] Eugen Dühring, *Kritische Geschichte der Nationalökonomie und des Sozialismus,* Berlin, 1871, Theobald Grieben. Google Livres.

[130] F. Engels, *M. E. Dühring..., op. cit.,* p. 365 et suiv.

[131] E. Dühring, *Cursus der National- und Socialökonomie, einschliesslich der Hauptpunkte der Finanzpolitik,* Berlin, 1873, Theobald Grieben. E. Dühring, *Cursus der Philosophie, als streng wissenschaftlicher Weltanschauung und Lebensgestaltung,* Leipzig, 1875, Erich Koschny. Google Livres.

« ordre » idéal dans lequel ils s'opposeraient à armes égales. L'ouvrier au capitaliste grâce à son organisation coopérative ; le scientifique – le travailleur intellectuel en général – par la reconnaissance d'une hiérarchie de l'« esprit » dont il occupe naturellement le sommet. Inutile de préciser que ce socialisme du « cœur » est tout à l'opposé de la vision réaliste de Marx et Engels, pour qui les structures sociales héritées du passé ou adaptées aux nouvelles conditions de propriété des moyens de production et de financement modernes pèsent plus lourd que de prétendus impératifs moraux. Deux conceptions du monde qu'Engels synthétise dès ses notes préliminaires : « L'idée que *les idées et les représentations des hommes créent leurs conditions de vie* et non inversement est démentie par toute l'histoire du passé, dans laquelle on a constamment abouti à autre chose que ce qu'on voulait, et même la plupart du temps dans la suite du développement, on a abouti au contraire. Ce n'est que dans un avenir plus ou moins lointain qu'elle peut se réaliser dans la mesure où les hommes reconnaîtront à l'avance la nécessité d'un changement de la constitution sociale commandé par les rapports en train de changer et le voudront avant que cette nécessité ne s'impose à eux inconsciemment et contre leur gré.[132] »

Malgré cette volonté d'éclaircissement théorique, qui est en grande partie l'apport propre de Marx et Engels, il est difficile de comprendre aujourd'hui l'importance qu'ils vont accorder à Dühring ; ce dernier n'est pas directement lié au mouvement social-démocrate, même s'il exerce sur certains de ses membres une influence indéniable. Dans ses ouvrages constamment actualisés, il en suit de près le développement et les querelles internes. Ainsi, dans l'édition de 1875 de son *Histoire critique de l'économie politique*, Dühring en vient-il à s'étendre longuement sur l'exclusion de Nicolas Bakounine de l'*Internationale* (*Association*

[132] F. Engels, *M. E. Dühring…, op. cit.*, p. 392.

internationale des Travailleurs), dans laquelle il avait introduit son *Alliance de la démocratie socialiste*, avec son action sectaire, son idéologie libertaire et ses tendances terroristes. Certes, Dühring ne les approuve pas, mais son accent mis sur la liberté individuelle plutôt que sur la lutte politique d'un parti ouvrier avec la discipline qu'elle suppose se traduit à plusieurs reprises par une sympathie non déguisée et un rejet de l'autoritarisme prêté à l'Internationale. Tout cela semble pourtant dépassé depuis que l'Internationale a pris la décision très démocratique de publier en trois langues – français, anglais, allemand – l'ensemble du « procès » fait au sectarisme et à l'anarchie[133].

Mais Dühring revient à charge et, constatant que depuis la guerre de 1870 les oppositions nationales et la concurrence économique des États se sont notoirement renforcées, il dénonce une centralisation abusive de l'Internationale fondée sur une analyse qu'il affirme dépassée – le Manifeste du parti communiste, 1848, et le premier volume du Capital, 1867 – et réclame qu'il soit davantage tenu compte des différences de races (au sens alors courant de peuples ou groupement de peuples). C'est de la même race que doivent surgir conjointement le sûr instinct qui pousse spontanément la masse à la révolte et les intellectuels qui lui donneront la nouvelle armature morale appelée à remplacer les religions surannées. La suppression immédiate des religions est l'une des exigences qu'il a particulièrement retenues chez Bakounine. C'est dès à présent qu'il faut élaborer la morale socialiste du futur ; Marx ne revendique selon lui qu'un socialisme matérialiste « alimentaire » privé d'idéal, fondé sur un primat économique. « Monsieur Marx n'en reste pas seulement à l'économie de Ricardo, dans une

---

133 *L'Alliance de la démocratie socialiste et l'Association internationale des travailleurs. Rapports et documents publiés par ordre du Congrès international de La Haye.* Londres, A. Darson, Hambourg, Otto Meisner, 1873.

forme inspirée de Hegel et infléchie vers le socialisme à la manière franque ancienne, mais il demeure dans toute sa culture générale dans un point de vue *philosophastre* révolu, celui qui avait cours en Allemagne dans les années 1830, mais qu'un homme vraiment capable d'évoluer aurait dû pouvoir dépasser. Toute la manière de penser des sciences naturelles lui échappe, et même son opposition au clergé n'est pas suffisamment systématique et décidée, pour exclure tout soupçon qu'un judaïsme tenace, malgré quelques plaisanteries sur certains auteurs juifs, n'ait pas conservé en lui quelques arriérations. Du point de vue antithéologique, Bakounine n'est pas seulement plus radical, mais il a inclus ses idées dans le programme de son Alliance. À bon droit, l'Internationale passe aussi pour une ennemie de la religion ; mais son programme ne dit rien de ces éléments spirituels, ce qui constitue une erreur colossale – comme si l'on n'avait voulu nouer avec les fidèles de toutes les religions et confessions qu'une pure association d'intérêts matériels. Une telle matérialité, l'association devrait s'en repentir ; en toutes circonstances, elle aura besoin pour être à la hauteur de l'époque de s'imprégner d'orientations spirituelles plus assurées. La mésalliance avec Bakounine et donc avec le fanatisme russe, qui veut écarter les doctrines occidentales par la force originelle du peuple, et rappelle ainsi, en exaltant le brigandage issu d'anciennes insurrections russes, l'imagination sauvage et également populaire d'un Schiller, – cette alliance malheureuse de part et d'autre devrait pourtant nous servir de leçon : l'émancipation du travail ne s'obtiendra pas par une sorte d'*Alliance israélite.*[134] »

L'*Anti-Dühring* d'Engels et partiellement de Marx gardera des traces du double aspect de son contre-modèle. Sa partie théorique s'inscrit en faux contre les accusations

---

[134] Eugen Dühring, *Kritische Geschichte..., op. cit.,* 2e édition, 1875, p. 574.

d'ignorance scientifique des « marxistes », un enjeu réel mais aussi très symbolique à l'époque ; sa partie polémique visant le réformisme utopique de Dühring, à vrai dire très faible, n'occupera que les dix dernières pages presque bâclées de leur réplique. Pour un parti entièrement engagé dans la lutte politique et syndicale dès la fin des lois antisocialistes (1890), que garder encore d'une confrontation entre capital et travail, arbitré (par quelle magie) par la coopération autonome d'individus impartiaux autoadministrant l'armée, la magistrature, l'enseignement, etc. Engels a peu de mal à réduire à rien cette philosophie de la souveraineté absolue de l'individu descendue du ciel ici-bas pour remplacer dès aujourd'hui les religions de l'au-delà.

Avec cette réfutation qui lui avait coûté beaucoup de temps, Engels jura qu'il en avait fini avec Dühring et ne lirait plus une ligne de lui. La troisième édition de l'*Histoire critique de l'économie politique et du socialisme* sortit de presse en 1879, l'année zéro de l'antisémitisme politique, mesuré à son insertion consciente dans l'action des partis pour leur représentation dans les différents parlements du Reich, qu'ils soient chrétien-social (protestant), conservateur-libéral ou simplement corporatiste. Dans le dernier chapitre remanié du livre, Dühring se contente encore de traquer chez Marx ce qui lui viendrait de son « sang » et serait donc inassimilable par l'Allemand de souche. « Celui-ci [le fond de la chose] doit être recherché ailleurs, à savoir dans un ressouvenir mosaïque ou, comme le diraient les *philosophastres* platonisants, dans une anamnèse de l'année jubilaire prescrite dans les Livres de Moïse. C'est la nostalgie de celle-ci, une institution mal connue dans une époque obscure, qui a fait de Marx un communiste. Cette année jubilaire devrait entrer en vigueur après sept fois sept années et consister à rendre les champs à leurs propriétaires initiaux, les dettes étant annulées. Nous ne discuterons pas de la pratique de cette institution mosaïque. Monsieur Marx n'a rien appris de la pratique, mais tout emprunté à la théorie mosaïque. Lentement, les champs et l'argent passent en d'autres mains, et elles devraient soudainement, comme un éclair et un coup de tonnerre, revenir à ceux auxquels pense Monsieur Marx. Et les gens à sa dévotion administreront alors au nom de l'État les richesses acquises durant l'année jubilaire communiste, et donneront à tous à boire et à manger, à condition qu'ils accomplissent avec obéissance le servage imposé dans les casernes du travail du grand prêtre Marx et de son clergé. Cette perspective ne paraît déjà que trop claire, mais Monsieur Marx préfère ne la prophétiser que par des voies détournées et en rester à la construction historico-philosophique de l'année jubilaire. Rien ne l'effraie davantage que de devoir rendre compte de manière précise et compréhensible de l'état économique qu'il a en tête. Son livre fragmentaire auquel succédera selon lui le livre décisif s'est sagement limité à la déduction historique et à la prophétie dialectique de l'empire jubilaire socialiste, sans en dire plus sur la nature du jubilaire et sur la constitution de l'empire socialiste. Le plus beau dans l'affaire, c'est qu'il n'en a lui-même aucune idée claire, mais seulement le flair instinctif, que les gens de son peuple deviendront les trésoriers élus et les tuteurs économiques des peuples et des masses populaires communisées. Ce petit morceau de messianisme originel lui importe plus que tout ; il lui appartient en propre, après qu'il ait lui-même perdu la foi dans les fruits littéraires de sa demi-culture et dans son socialisme prétendument scientifique. Et de fait, c'est à une curieuse trinité de maîtres qu'il s'en est tenu. Élève de Moïse, Ricardo et Hegel, il s'est constitué une demi-culture bâtarde particulière qui ne pouvait engendrer qu'un monstre mort-né. À Moïse, il a emprunté le communisme de l'année jubilaire, à son camarade de race Ricardo, la draperie économique d'apparence érudite et au professeur de philosophie berlinois, réactionnaire et romantique, Hegel, le patois ambigu et mystificateur d'une prétendue dialectique, pour construire de tout cela l'année jubilaire mondiale historique. De manière évidente, il ne laissa rien paraître de ses emprunts mosaïques, de même qu'il chercha à rentabiliser son pillage clandestin des socialistes français. Au contraire, il essaya, comme déjà mentionné, de masquer dignement son baptême ou celui de ses ancêtres en ridiculisant le judaïsme de ses adversaires économistes. Il renia apparemment de la sorte son propre sang, tout en faisant sa réclame dans des journaux réactionnaires ou pas, et il forma essentiellement les cadres de sa coterie internationale avec les descendants de Juda.[135] »

---

[135] *Idem,* 3e édition, Leipzig, 1879, Fues's Verlag, pp. 491 et suivantes.

16. Socialisme et antisémitisme : un antagonisme profond et mécompris

Mais revenons au sujet de cette étude. Nous n'avions pas pour objectif le développement du socialisme qui naît comme alternative théorique et pratique, comme forme d'organisation politique contre les inégalités sociales du nouveau système de production industriel, sans céder pour autant aux tendances réactionnaires et romantiques d'un retour au « bon vieux temps », mais avec le souci de comprendre comment, à un moment donné, s'y insère une problématique théologico-politique spécifique : la soi-disant question juive, bientôt nommée antisémitisme. Que cette succession des événements soit un fait, en témoigne la simple chronologie de l'histoire, pour ceux qui la tiennent pour seul fondement objectif et ultime référent du monde des idées.

Cet antisémitisme, comme réponse imaginaire aux défis sociaux dans une partie de l'éventail politique – le mouvement socialiste – nous pouvons quasiment en suivre la genèse à travers Dühring, parallèlement aux réactions de même nature qui agitent les partis chrétiens, libéraux, agrariens, néo-féodaux, etc. Dühring publie tellement et s'adapte avec une telle rapidité au changement de la conjoncture, que ce néologisme absurde, nous l'avons vu, se chargera rapidement de connotations qui en alourdissent le sens. Parti de pures références linguistiques rapportées à des catégories abstraites (races, peuples, souches, etc.) jugées archétypales, s'y greffent graduellement des jugements religieux ou moraux, des comportements, toute la panoplie des préjugés attachés aux simples noms : Hébreux, Judéens, Israélites, Juifs, etc. Puisque l'histoire commencerait avec la parole puis l'écrit, tout ce qui se rattache, de près ou de loin – surtout de loin – à notre nouveau *shibboleth* devient chez Dühring *urwüchsig* (natif, naturel, originel).

Quoi qu'ils pensent, quoi qu'ils fassent, et même dans leurs oppositions, Ricardo, Lassalle, Marx demeurent des Orientaux, des fils du désert, de la Torah et du Talmud. De façon indélébile.

Comme déjà évoqué, après la réplique d'Engels, derrière laquelle il devine encore la présence de Marx – qui décèdera en 1883 –, Dühring opère un recentrement de ses préoccupations jusque-là très dispersées, autour d'un problème qui fournirait la clé de tous les autres : l'infiltration juive chez les peuples modernes. L'histoire des Juifs se déroule en trois temps : dans l'antiquité, ils demeurent séparés et cultivent leur religion nationale ; après dissolution de l'Empire romain, le moyen âge commet le péché capital de les accepter ; les peuples modernes seront plus tolérants encore. « Tel est le cours rationnel des relations dans lesquelles nous nous trouvons encore aujourd'hui par rapport aux étrangers juifs. Mais d'un point de vue historique, ce fut une erreur absolue de les accepter, adoucie cependant par une limitation de leurs droits. En conséquence, nous souffrons également d'un reste de moyen âge. Les Juifs sont un héritage de principes moyenâgeux qui subsiste aux temps modernes. Lorsque les Juifs parlent de restes du moyen âge et souhaitent leur disparition, il faut bien leur répondre qu'ils sont eux-mêmes un tel reste. S'y ajoute le fait que les principes modernes ne sont pas tolérants envers tout et chacun, et comportent aussi des limites. Si les Jésuites ne sont pas tolérés, alors les Juifs moins encore ; car des deux maux, les Juifs sont encore le pire. Les Jésuites sont bien un moindre mal, car celui-ci n'est pas de nature, tandis que les Juifs portent et héritent dans leur chair et leur sang leur nuisible nature envers les autres peuples. Des mesures contre les Juifs sont donc plus nécessaires que contre le jésuitisme. Ce dernier découle des principes d'une corporation, auxquels ses membres peuvent renoncer. Mais l'inhérence juive (*Judenhaftigkeit*) ne peut être écartée qu'en écartant les Juifs eux-mêmes. La tolérance qui s'étend à des personnes inclut ainsi la mauvaise cause. Il n'en reste pas moins, en dehors de cette déduction rationnelle, que la tolérance envers les Juifs, rien que pour des raisons historiques et leurs nouvelles analogies, est une notion trompeuse et mal appliquée, pour peu qu'il s'agisse de garantir la liberté intérieure des peuples modernes.[136] »

Après s'être consacré à la philosophie, à la logique et aux mathématiques, aux sciences naturelles et à la société sous la forme de l'économie politique, notre polygraphe – 18 volumes jusqu'à ce jour – a enfin découvert dans le caractère permanent des races humaines, de la juive en particulier, la plus ancienne et distincte de toutes les autres, le virus moral qui ronge l'humanité. Cette race polymorphe immuable mais d'une étonnante capacité d'adaptation prend par exemple toutes les figures de l'évolution économique la plus récente, mais capitaliste ou ouvrière, voire même scientifique en concurrence avec Dühring, elle n'en demeure pas moins naturellement et essentiellement juive pour autant. Et tous les espoirs que Dühring avait placés dans la lucidité instinctive du véritable Allemand socialiste se sont révélés vains. « Depuis des millénaires d'histoire, les Juifs sont demeurés inchangés dans leur caractère fondamental. Aucun système social, aucun changement social ne pourraient éliminer ce mal principal. L'égoïsme juif ne ferait que changer de forme. Aujourd'hui déjà, il exploite au profit des intérêts juifs le socialisme et les travailleurs qui suivent la social-démocratie enjuivée, et si les Juifs sociaux-démocratisants devaient parvenir à leur année jubilaire et donc aux caisses de l'État, ils sauraient déjà placer leurs gens et déployer leur communisme. Suite à ce communisme, la propriété des peuples deviendrait le bien

---

[136] E. Dühring, *Die Judenfrage als Racen-, Sitten- und Culturfrage. Mit einer weltgeschichtlichen Antwort,* Karlsruhe und Leipzig, 1881, H. Reuther, p. 107.

commun des Juifs. Je ne répéterai pas ce que j'ai démontré dans la 3e édition de mon *Histoire de l'économie politique et du socialisme*. Je ne veux simplement pas nous laisser distraire du caractère inaméliorable de la nature raciale. Les capacités d'accumulation du capital ne sont en vérité qu'un détail minime par rapport à ce que produit la spécificité juive (*Judenart*). [...] La pierre angulaire sur laquelle tout repose, est en vérité, que ce sont des propriétés personnelles et pas des biens concrets qui font du Juif un Juif et de l'exploiteur un exploiteur. Ce n'est pas la propriété en soi qui est mauvaise, mais la malfaisance [juive] qui entraîne bien souvent l'accumulation d'une propriété mal acquise.[137] »

Puisque tous les moyens ont échoué jusqu'ici à contenir ce qui n'est plus, de façon générale, l'économie politique, mais devient soudainement chez Dühring « l'économie juive », il s'impose de passer chez les « peuples européens modernes » à des mesures plus radicales : des socialismes nationaux doivent s'exprimer dans la société et exiger conjointement de leurs États respectifs des mesures législatives appropriées, c'est-à-dire d'exception. Dühring est à notre connaissance le premier à en avoir exprimé l'exigence et le programme, et toutes ses interventions ultérieures ne feront que les renforcer. « C'est ici que la société doit intervenir, non seulement par les individus qui la composent, mais directement en tant qu'État, par sa législation et son administration. À titre d'exemple, le plus insupportable, à savoir que des Juifs exercent des fonctions dominantes sur ceux qui appartiennent à des peuples modernes en y occupant des emplois supérieurs, ne peut plus être éliminé ou empêché du seul fait de la société. Le premier principe directeur d'une limitation des Juifs en politique doit tenir dans une législation qui empêche tout Juif de race d'exercer une fonction judiciaire, de commandement ou d'administration sur un Allemand, un Français, un Anglais, un Russe,

---

[137] *Idem,* p. 112.

etc.[138] » Dühring, le rebelle, pourra ainsi se vanter d'avoir proposé au pouvoir, en pleine répression du mouvement socialiste, les bases « scientifiques » de lois d'exception contre « l'économie juive ». « Ce que l'on nomme les lois de l'économie politique n'explique pas la richesse spéciale des Juifs. Celle-ci ne se comprend que par l'économie de race particulière, que les Juifs ont toujours appliquée pour exploiter les autres peuples. Cette économie de race ne repose pas sur des caractéristiques économiques, mais tout simplement sur une avarice d'élection (*auserwählte Habsucht*) et la ruse de renard qui l'accompagne et qui favorise, par son flair animal à l'affut du plus petit avantage, l'appropriation du bien d'autrui. [...] L'économie des Juifs n'est qu'un euphémisme pour l'appropriation du bien des peuples par un élément racial étranger, par tous les moyens et sans aucun égard à la justice.[139] » Les quarante dernières pages du livre détailleront les mesures à prendre dans tous les domaines.

Pour ceux qui ne l'auraient pas encore bien compris, Dühring publie immédiatement après sa « question juive » revisitée, ce qu'il considère comme l'expression de sa pensée fondamentale : *(Ma) Cause, (ma) Vie et (mes) Ennemis*[140]. On y trouve la confirmation que chez lui l'antisémitisme est devenu consubstantiel à sa philosophie, la base même de sa volonté de trouver un substitut à la religion, à toutes les religions, d'être le fondateur d'une morale d'après la mort de Dieu, c'est-à-dire de toute la descendance du monothéisme mosaïque. Les Juifs incarnent indistinctement tout ce qu'il convient d'écarter pour « réévaluer toutes les valeurs ».

---

[138] *Ibid.*,

[139] *Ibid.*, p. 127.

[140] E. Dühring, *Sache, Leben und Feinde, als Hauptwerk und Schlüssel zu seinen sämmtlichen Schriften,* Karlsruhe et Leipzig, 1882, H. Reuther.

« Je me dois de mentionner ici que la dernière des conférences [données à Berlin en novembre 1879] avait pour objet l'émergence de la question juive en Europe. Elle provoquait délibérément ; car c'était la première fois que la race juive était impitoyablement critiquée du point de vue le plus libéral qu'il soit possible d'adopter en matière de religion et de politique, et cela à Berlin, son quartier général. Son traitement vénal des libertés de la nation dans toutes ses orientations y constituait l'accusation principale, tandis que la démoralisation des gens instruits par la presse à la solde des Juifs constituait une exhortation à combattre pour la déjudaïsation de la presse et de la littérature. Je n'ai pas besoin d'en dire davantage ici sur ma critique de la race et de sa mauvaise morale, car j'ai consacré depuis lors un livre particulier à la question juive, dans lequel je la traite comme un problème historique de race et de civilisation, et qu'au surplus mes écrits scientifiques depuis les débuts de ma carrière ont éclairé l'incapacité des Juifs à la science et à la justice. Je rappellerai cependant l'action conjointe de trois groupes d'ennemis : les professeurs, les Juifs et les sociaux-démocrates enjuivés d'Allemagne.[141] »

De ce livre particulier qui parut, rappelons-le, après la réfutation d'Engels, et que ce dernier ne mentionne donc pas, Dühring nous fait à présent la synthèse : « Pour la première fois, la question [juive] fut traitée du pur point de vue de la race, en lui apportant de façon décisive une réponse incontestable. On y trouvait des vues entièrement neuves, tant pour l'aspect théorique de l'essence juive, que pour les mesures pratiques, et je distinguai soigneusement celles qu'il fallait prendre immédiatement pour limiter la race juive parmi les peuples modernes, et celles à prendre ultérieurement. Par le principe de traiter les Juifs dans des lois spéciales inapplicables aux autres ethnies, je rendais la

---

[141] *Idem,* p. 227.

liberté générale compatible avec les indispensables limitations des Juifs.[142] »

Comme tous les novateurs, en quelque matière que ce soit, aussi douteuse nous semble-t-elle aujourd'hui, Dühring revendique fièrement son droit de primogéniture sur l'antisémitisme. S'il a débuté dans le monde académique dès 1865, en défendant dans *Capital et travail* le libéralisme économique de l'Américain Henri Carey, l'unification allemande le poussera à prôner de plus en plus une théorie proprement germanique, ce caractère national se distinguant avant tout par un isolationnisme économique et politique dont l'antisémitisme sera la marque distinctive. C'est à lui qu'il attribue le succès immédiat de son livre sur la question juive. « Après quatre semaines, une nouvelle édition s'avéra nécessaire. La manière dont j'avais abordé le sujet est essentiellement neuve, unique en comparaison avec la littérature antérieure. Non seulement l'accent mis en premier lieu sur la race, mais la démonstration de la déformation morale et intellectuelle de sa religion et de sa morale fournit de nouvelles orientations. L'économie raciale juive fut, comme en témoigne déjà ce nouveau mot, saisie de façon plus profonde et plus sérieuse qu'auparavant. Pour lutter principalement contre elle, j'avançai une sorte de « médiatisation »[143] des princes de la finance juive. Tout mon travail était en outre le fruit d'une pensée que j'avais envisagée dès le début de ma carrière littéraire. Dans les années 1860, quand j'en aurais fini avec mes autres travaux, j'avais déjà imaginé de rassembler toutes mes observations et idées sur l'incapacité de la race juive pour la science. Chaque branche scientifique me la confirmait. L'incapacité à la

[142] *Ibid.,* p. 232.

[143] Sous ce terme de *Mediatisierung,* Dühring imagine une mise sous curatelle d'État de la finance juive, obligée légalement de s'associer avec des non-Juifs, garants moraux de leurs pratiques. Une espèce d'aryanisation avant la lettre.

vérité m'apparut de plus en plus clairement chez cette race, dans l'histoire comme dans le présent, par la tradition comme par l'expérience personnelle, et me devint entièrement compréhensible par la nature de cette nation. Je fus ainsi parfaitement préparé à éclairer en profondeur et en tous sens la nature juive, apportant ainsi une contribution essentielle à la conservation d'une meilleure humanité. L'écrit sur la question juive est partie intégrante de tout mon système intellectuel, social et politique. Il est également tout indiqué pour écarter les incompréhensions et les déductions erronées du principe d'égalité. L'égalité consiste à considérer comme égal et à rendre égal ce qui est vraiment égal, mais pas à vouloir effacer la différence entre le bien et le mal, à la façon du moraliste juif Spinoza.[144] »

L'histoire, selon les circonstances qui aujourd'hui encore s'imposent aveuglément aux hommes, bien davantage qu'ils ne parviennent à les maîtriser et à les orienter globalement à leur avantage, présente à chaque moment de son évolution un éventail de solutions imaginaires à ses contradictions. À travers ces aperçus fragmentaires issus des cerveaux tourmentés – souvent pour des raisons personnelles – de penseurs, se dessinent des systèmes qui fascinent par leur cohérence interne, dont la grande majorité disparaissent, dont d'autres sèment encore aujourd'hui l'effroi parce que leurs simples virtualités se sont concrétisées. Eugen Dühring est de ceux-là. Il n'existe pas, à ma connaissance, d'esquisse aussi illuminée de ce que sera le « socialisme-national » allemand dès après la désagrégation du IIe Reich au lendemain de la Première Guerre mondiale. Dans la cohérence de son délire national-racial, le « socialiste » individualiste et anarchisant qui vient de se faire sanctionner par la corporation universitaire et que le socialisme internationaliste a rejeté par l'intervention d'Engels, ne peut en appeler qu'à un gouvernement fort, à qui il offre son expertise

144 *Ibid.*, p. 234.

« scientifique ». Race et morale de race en seront les ingrédients. « La réglementation de milliers de travailleurs ou de centaines d'employés n'est pas un droit de propriété, mais une usurpation sociale. Et cependant, la noblesse financière juive, dont les États sont quasi devenus dépendants, offre le cas extrême, l'exemple même de la nécessité la plus urgente et la plus rapide de réforme sociale. Que l'on mette sans crainte et d'une main ferme la haute finance juive sous la garde de l'État, qu'il s'agisse de quelques magnats ou d'institutions. *Les gouvernements qui sont trop faibles pour instituer une telle tutelle salutaire dans l'intérêt des peuples, chez eux ou internationalement, devront renoncer tôt ou tard à diriger les peuples. Ils devront les livrer aux trois quarts aux Juifs ou abandonner leur mission dirigeante* (Führerschaft) *à ceux qui sauront en finir avec les Juifs* [souligné par moi]. Ce ne sont pas les révolutions en soi, dont l'humanité peut durablement et positivement faire usage, mais les gouvernements forts qui en sont issus. La grande Révolution française n'a pas débouché sur un gouvernement capable d'appliquer le nouveau programme. Ce n'est pas que le premier gouvernement napoléonien ait été particulièrement faible, mais il dut pour satisfaire son appétit de pouvoir, s'appuyer sur l'ancienne fausse autorité et utiliser la croyance superstitieuse du peuple dans l'Église. Ce n'est évidemment pas ce que j'entends par gouvernement fort, qui ne doit pas réprimer seulement l'Église, mais son ancêtre théocratique, le judaïsme, et les effacer de la vie nationale des peuples modernes. Le sang et la race sont l'essentiel ; tout le reste en découle. Le pouvoir le plus brutal aujourd'hui est celui de l'argent, pas des armes. Le pire ennemi de l'humanité est l'argent juif, qui fait marcher le commerce de Juda à l'échelle mondiale, qui trahit à présent le meilleur de l'humanité, comme jadis le meilleur du judaïsme. Usure est le terme ancien, exploitation le nouveau ; dans leur sens général, les deux signifient cette succion de la substance (*Aufsaugung*) des peuples, dont la race juive, de mémoire d'homme, fournit l'exemple. La question juive précède donc provisoirement ce que l'on nomme la question sociale.[145] »

[145] *Ibid.,* p. 346.

17. Petite excursion philosophique

Mon propos – il est bon que je le rappelle régulièrement – est de bien cerner l'apparition d'un néologisme, « antisémitisme », qui est bien plus qu'une invention langagière sans lendemain, mais la dénomination rapidement adoptée d'une théorie et d'une pratique d'isolement et d'exclusion d'un groupe de population, de la nation dont elle est partie intégrante reconnue : les Juifs dans toute leur apparente diversité sociale, culturelle, politique, etc. Rien d'étonnant dans ces conditions à ce que les contributeurs à ce mouvement disparate convergent eux aussi des horizons les plus divers. Le pasteur évangélique Stöcker devrait être situé dans la réaction conservatrice protestante à la révolution de 1848, Wilhelm Marr ou Heinrich von Treitschke, dans le libéralisme national conservateur et antisocialiste, et le cas ambigu d'Eugen Dühring dans les conflits internes du mouvement socialiste, dont il est un penseur hautement atypique, personnellement isolé bien qu'intellectuellement influent. Dans le nouveau Reich allemand, post-révolution industrielle venue d'Angleterre, post-révolution politique issue de France, le prestige de la philosophie, doublée ici d'une approche pseudoscientifique qui l'autonomise par rapport aux clivages religieux, est d'autant plus grand qu'il paraît issu d'une source proprement nationale : la « grande philosophie classique allemande ». En la personne de Hegel, Dühring s'en fait le critique virulent, entendant la débarrasser de tout reste de superstition religieuse, la « national-socialiser » en quelque sorte. Cet enracinement philosophique ne pouvait manquer de partisans parmi les jeunes intellectuels plus proprement spéculatifs que ne l'étaient les dirigeants « historiques » de la social-démocratie allemande, issus pour la plupart des métiers artisanaux (Wilhelm Liebknecht, Bebel). En opposition au réalisme politique de ces derniers, Dühring met l'accent sur une composante éthique, qui ne peut laisser insensible une autre partie des classes moyennes, moins engagée dans l'affrontement politique en marge de la conquête du suffrage universel. Je l'illustrerai brièvement – on m'excusera cette courte excursion – à la lumière de la rencontre Dühring-Nietzsche.

Cette curieuse attraction/répulsion des deux hommes se déroule dans la période 1875-1890, dont la plus grande partie est plombée par l'implacable répression des « lois socialistes » (de fait : antisocialistes) imposées par Bismarck. Adoptées le 21 octobre 1878, elles sont reconduites à quatre reprises, en 1880, 1884, 1886 et 1888, pour prendre fin le 30 septembre 1890. Eduard Bernstein en a retracé ultérieurement l'histoire, tant elle a marqué le mouvement ouvrier par son arbitraire et sa dureté[146]. On peut y suivre, année après année, les arrestations arbitraires, les interdictions de séjour, la répression politique et l'activité des indicateurs de police. De fait, les lois d'exception, que les antisémites réclameront contre les Juifs, visent d'abord tous ceux qui sont accusés de vouloir renverser les autorités en place, l'ordre établi. Elles produiront finalement l'effet contraire. Aux élections de 1890, la social-démocratie est pour la première fois le parti qui obtient le plus de voix, il a triplé son score d'avant la législation répressive, et le nouvel empereur Guillaume II va tenter, en écartant Bismarck de jouer la carte de l'apaisement par des promesses de réformes de la condition ouvrière. En fin d'ouvrage, Bernstein fournit la liste de près de 300 militants expulsés en application des lois antisocialistes.

---

[146] E. Bernstein, *Die Geschichte der Berliner Arbeiter-Bewegung. Ein Kapitel zur Geschichte der deutschen Sozialdemokratie. Zweiter Teil : Die Geschichte des Sozialistengesetzes in Berlin.* Berlin, 1907, Vorwärts. www. archiv.org (L'histoire du mouvement ouvrier à Berlin. Un chapitre de l'histoire de la social-démocratie. 2e partie : L'histoire de la loi socialiste à Berlin).

Ouvrons à présent la parenthèse des curieuses relations que Friedrich Nietzsche a entretenues avec Dühring. Ce qui fait la particularité du socialisme revendiqué par ce dernier – et auxquels des réformistes, dont Bernstein, ne sont pas insensibles – c'est son apparente radicalité (l'éloge de la Commune de Paris, le rejet de toute religion) et son exigence d'une priorité éthique sur l'objectif révolutionnaire. Dès à présent – et contrairement aux « marxistes » qui se refusent à anticiper idéalement une morale utopique de substitution à celle en vigueur – Dühring, en termes virulents, stigmatise tout ce qu'il se fantasme d'ennemis personnels et collectifs. Nietzsche, philosophe de « la mort de Dieu » et de la naissance du « surhomme » (au sens de l'individu assez fort pour assumer souverainement ses choix) ne pouvait rester insensible au pathos du professeur prussien en butte à l'institution universitaire. En 1875, il lit *Der Wert des Lebens* (la valeur de la vie), l'un des premiers livres de Dühring, paru dix ans auparavant. Il lui consacre cinquante pages de notes[147]. Il lira plus tard son « Cours de Philosophie » et enfin cette autobiographie de 1882, déjà mentionnés[148]. « On parle chez moi à table d'Eugen Dühring, on 'excuse' beaucoup de choses, car, dit-on, il est aveugle. Comment ? Je le suis presque. Homère l'était complètement. Faut-il être de mauvais poil pour autant ? Entièrement venimeux ? Avec une tête d'encrier ? Eugen Dühring nous a récemment raconté sa vie. Il n'a oublié aucun dépit, aucune offense depuis l'enfance, je crois qu'il peut raconter durant des heures de mauvaises petites histoires minables sur ses professeurs et adversaires, de l'époque où il n'était pas encore aveugle ; c'est du moins

[147] Friedrich Nietzsche, *Nachlaß 1875-1879, Kritische Studienausgabe von Giorgio Colli und Mazzino Montinari,* Berlin, 1999, de Gruyter, tome 8, pp. 131-181.
[148] E. Dühring, *Cursus der Philosophie, op. cit.* E. Dühring, *Sache, Leben und Feinde, op. cit.*

l'apparence qu'il donne, même si l'image dont il a illustré son livre est bonne et contredit ainsi sa philosophie – or il nous dit que cette image est fidèle.[149] »

Dans leur confrontation sur l'évolution éthique des sociétés, Nietzsche a sur Dühring l'avantage d'un regard extérieur à la Prusse et à son chauvinisme de plus en plus étriqué. En septembre 1888, examinant le Deuxième Empire allemand et deux de ses penseurs emblématiques, voici ce qu'il note : « Dans l'histoire de la civilisation, le 'Reich' est bien un malheur ; l'Europe est devenue plus pauvre depuis que l'esprit allemand a renoncé à l''Esprit' (*Geist*). – À l'étranger on en sait quelque chose, puissent les Allemands ne pas se mentir à ce propos ! On se pose la question : en avez-vous encore un seul que l'on puisse prendre en considération ? Ou ne fût-ce que trois quarts ? … Qu'il n'y ait plus un seul philosophe allemand, quelle fin lamentable. Personne n'est assez déraisonnable pour imputer aux Allemands, que des nullités bavardes, comme cet inconscient Monsieur E. von Hartmann, ou une canaille pleine de poison ou de bile, comme l'antisémite berlinois Monsieur E. Dühring, fassent mauvais usage du mot philosophe – ce dernier ne compte pas un homme convenable parmi ses partisans, et le premier pas le moindre esprit convenable.[150] »

Pour Nietzsche, les tendances paranoïaques, mais surtout le contexte social font de Dühring le philosophe par excellence du « ressentiment », de la réaction la plus pure d'un individualiste révolté aux œillères nationales. Il en fera son négatif dans sa dernière œuvre majeure, *La généalogie*

---

[149] Friedrich Nietzsche, *Nachlaß 1884-1885, Kritische Studienausgabe von Giorgio Colli und Mazzino Montinari,* Berlin, 1999, de Gruyter, tome 11, p. 251.

[150] Friedrich Nietzsche, *Nachlaß 1887-1889, Kritische Studienausgabe von Giorgio Colli und Mazzino Montinari,* Berlin, 1999, de Gruyter, tome 13, p. 546.

de la morale, qu'il sous-titre *Un pamphlet*[151]. Ce livre, il le situe en complément de *Par-delà le Bien et le Mal*, et les deux forment la plus profonde enquête jusqu'à ce jour sur ce qu'il appelle « les origines des préjugés moraux ». On ne saurait imaginer deux angles d'attaque de la société plus opposés que celui du jeune Marx, abandonnant quelque quarante ans auparavant sa passion philosophique pour se situer délibérément « en deçà du bien et du mal », et celui de Nietzsche, enfermé dans l'impasse d'une morale ancienne, indépassable tant que ses conditions matérielles de production n'auront pas été « révolutionnées », c'est-à-dire inversées. Le réalisme de Nietzsche se limite à une « généalogie » de la morale, des valeurs, à un renversement des valeurs (*Umwertung aller Werte*), basés sur une enquête documentée des sources idéologiques. Nietzsche sait et affirme que les valeurs morales sont relatives, qu'elles sont relatives à la position sociale de leurs tenants respectifs, mais qu'il décrit intemporellement en une opposition des « maîtres » et des « esclaves ». Dühring voudrait être un maître, mais il ne le peut pas ; sa volonté de vivre se retourne contre lui et se résume en une seule phrase que Nietzsche lui emprunte : « la doctrine de la vengeance traverse tous mes écrits, toutes mes aspirations, comme le fil rouge de la justice[152] ». « Je tiens simplement à attirer l'attention sur le fait que c'est de l'esprit du ressentiment même qu'est sortie cette nouvelle nuance d'équité scientifique (au profit de la haine, de l'envie, du dépit, de la défiance, de la rancune, de la vengeance) », ajoute Nietzsche, expliquant ainsi, en bon psychologue, qu'anarchistes et antisémites –

[151] L'œuvre date de 1887. Je me servirai de la version française : Frédéric Nietzsche, *La généalogie de la morale,* traduit par Henri Albert, Paris, 1900, Mercure de France. Sur le site de Gallica.
[152] *Idem,* p. 119. Cette phrase est extraite de *Sache, Leben und Feinde,* comme le notent G. Colli et M. Montinari dans leur édition critique de Nietzsche, volume 14, p. 379.

comme Dühring – aient pu se revendiquer du socialisme, et rejoindre un mouvement qu'il croit, lui aussi, issu du « ressentiment » des exploités contre leurs exploiteurs. Il ignore cependant, dans l'éloignement volontaire du philosophe – en Italie, en France, en Suisse, ou sur les sommets éthérés de l'esprit –, que les travailleurs organisés politiquement s'efforcent de remettre en question l'ordre social par la conquête, dans un premier temps, d'une représentation proportionnée à leur importance.

Avec cet éclairage un peu hors-champ, nous voici peut-être mieux armés pour revenir à notre propos initial : l'inscription d'un nouveau mouvement politique issu de sources diverses, sinon divergentes, l'antisémitisme, dans la problématique englobante du socialisme. Revenir, après cette période équivoque des « lois socialistes » au moment d'affrontement direct entre la social-démocratie allemande organisée et l'antisémitisme partiellement infiltré jusque dans ses rangs.

18. Retour sur le front politique

Le temps semble venu de refermer la boucle de notre recherche. Parti des années 1892-98 où le parti social-démocrate, ayant vaincu enfin par sa résistance tout l'arsenal répressif mis en place par le pouvoir des chrétiens conservateurs et des grands propriétaires fonciers, peut déployer sa propagande électorale au Reichstag et dans les Länder, nous en avons aussi éclairé les rétroactes depuis la fondation du IIe Reich. C'est dans ces années cruciales, par réaction au socialisme et jusque dans ses rangs, qu'a vu le jour cet hybride politique inédit nommé par l'un de ses inspirateurs *antisémitisme.* Nous n'en finirions pas de faire le tour de tous ses initiateurs, contributeurs temporaires ou permanents, sincères ou opportunistes, brillants sur le plan intellectuel ou bruyants dans la rue ou les assemblées populaires.

Il en est un dont nous n'avons pas encore traité, Theodor Fritsch (1852-1933), qui offre pourtant la particularité d'accompagner le mouvement depuis l'origine et de le transmettre intact à ceux qui, un demi-siècle plus tard et dans un monde bouleversé par la Première Guerre mondiale, mettront en pratique ses objectifs. En 1935, les nazis lui élèveront à Berlin un monument portant la devise : « Pas de guérison des peuples sans exclusion du judaïsme ». On y voit l'homme au marteau écrasant le monstre « sémite »[153].

---

[153] « Philosopher avec un marteau » était un slogan cher à Nietzsche. En 1886, Fritsch avait tenté de le rallier à ses idées. « Un très curieux monsieur, du nom de Th. Fritsch, de Leipzig, m'a écrit ; je n'ai pas pu m'empêcher, car il insistait, de lui donner quelques coups de pied amicaux. Ces 'Allemands' actuels me dégoutent toujours davantage », note Nietzsche, ainsi que : « Récemment, un monsieur Th. Fritsch de Leipzig m'a écrit. Il n'y a pas une bande plus insolente et stupide en Allemagne que ces antisémites. » (F. Nietzsche, *Nachlaß 1885-1887, op. cit.*, pp. 200 et 321). Toute cette falsification nazie s'est opérée sous le couvert de la sœur du philosophe, veuve de l'antisémite notoire

En 1893, Fritsch a déjà vendu 25.000 exemplaires de son « Catéchisme des antisémites », résumé édifiant des velléités communes aux différents courants qui peinent cependant à s'unir. Ce qu'on y trouve de plus intéressant, vu la date de sa réédition, c'est le résumé qu'en donne déjà le chapitre intitulé : « Brève histoire du mouvement antisémite ».

« Le mouvement antisémite n'a fait publiquement son apparition que dans les années 1878-79. Comme courant spirituel ou littéraire, il est beaucoup plus ancien et s'impose déjà au siècle précédent avec une force croissante – pour autant que l'on ne veuille pas remonter en fin de compte jusqu'à le considérer chez les anciens Perses et Égyptiens. –

Un combat contre les menées des Juifs a existé de tous les temps et parmi tous les peuples qui entrèrent en contact avec eux, *mais son sens plus profond, en tant que concurrence des races avec un arrière-plan social et politique n'est que d'origine plus récente* [souligné par moi, J. A.][154] »

En effet, le premier congrès antisémite se tint à Dresde en 1881 ; Otto Böckel fut le premier élu antisémite au Reichstag en 1887, et les listes antisémites y recueillirent en 1890 47.500 voix.

Cette rupture historique prend tout son sens à la fin de l'ouvrage de Fritsch : il s'agit de la suppression de l'égalité civile et politique des Juifs vivant en Allemagne, pour lesquels serait instauré un droit spécial (*Judenrecht*), tandis que l'immigration de Juifs étrangers se trouverait désormais

---

Bernhard Förster. Le monument à Fritsch fut inauguré 8 jours avant la promulgation des Lois de Nuremberg. Il fut fondu durant la guerre pour en récupérer le métal.

[154] Theodor Fritsch, *Antisemiten-Katechismus. Eine Zusammenstellung des wichtigten Materials zum Verständnis der Judenfrage,* Leipzig, 1893, Herm. Beyer.

interdite. Tel est ce que réclame explicitement le parti dont il est le porte-parole au dernier point de son programme intitulé *Question juive*[155].

Le retour à la vie politique sans entraves légales ne disposait pas nécessairement le parti social-démocrate à intégrer dans son programme la lutte contre l'antisémitisme émergeant. La fracture politique qui l'avait précédemment divisé – celle de l'alliance éventuelle avec le pouvoir en vue de réformes sociales – devait nécessairement refaire surface depuis le renvoi de Bismarck et la volonté proclamée par le nouvel empereur Guillaume II d'améliorer la condition ouvrière. Grandis et renforcés par l'épreuve, les sociaux-démocrates avaient eu d'autant moins l'occasion de surmonter leurs anciennes divergences, qu'ils avaient dû faire front commun et que l'heure n'était évidemment pas à la reformulation d'une plate-forme théorique commune. Pour réprimer les divergences, les tendances individualistes ou anarchistes, les revendications trop partielles ou locales, un certain autoritarisme s'était manifesté dans les sphères dirigeantes, restreignant le débat interne, voire la publication de points de vue opposés. Ces conflits internes ne sont généralement pas apparents, mais ils se révèlent parfois plus tardivement, et de façon surprenante, dans des documents privés, la simple correspondance par exemple. Nous en avons la trace dans une lettre que Friedrich Engels adresse en 1891 à Bebel, le plus fidèle des internationalistes, celui qui, nous l'avons vu, s'apprête précisément à affronter le péril antisémite. Cette lettre sonne comme un rappel aux principes doctrinaux par celui qui, après la mort de Marx en 1883, apparaît comme le gardien de la légitimité contre les tentations opportunistes du moment. Elle montre que, contrairement à beaucoup d'idées reçues, Engels y apparaît à la fois soucieux de la discipline et de la liberté d'expression

155 *Idem,* p. 357.

dans les organes du parti. Ce qui est en cause, c'est la critique par Marx de l'héritage de Lassalle et de ses tentations de collaboration avec Bismarck. « Et pendant les quinze années que dura la loi contre les socialistes, il n'y avait à vrai dire aucune possibilité de réagir dans le cadre du parti contre le culte de Lassalle. Il fallait y mettre fin et c'est ce que j'ai provoqué. Je ne permettrai plus que la fausse gloire de Lassalle se maintienne aux *dépens de Marx* et qu'elle soit prêchée à nouveau. Les gens qui ont encore connu personnellement Lassalle [mort en 1863] et l'ont adoré sont clairsemés, chez tous les autres le culte de Lassalle est purement *fabriqué*, entretenu par notre tolérance tacite, bien que nous sachions qu'il est faux ; il ne se justifie donc même pas par le dévouement personnel.[156] »

Engels proteste ensuite contre toute tentative de faire passer ces divergences politiques pour un conflit personnel entre Marx et Lassalle, et contre la censure intérieure de ses propres articles au nom d'un consensus superficiel.

« Encore un mot. Depuis que vous [le parti social-démocrate] avez essayé d'empêcher par la force la publication de l'article et que vous avez fait parvenir un avertissement à la *Neue Zeit* la menaçant, en cas de récidive, d'une étatisation possible par le Parti et de la censure, il est inévitable que la prise de possession de toute votre presse par le Parti m'apparaisse sous un jour bien singulier. En quoi vous distinguez-vous de Puttkamer [beau-frère de Bismarck et ministre de l'Intérieur de Prusse de 1881 à 1888], si vous introduisez une loi contre les socialistes dans vos propres rangs ? À moi personnellement, cela m'est assez indifférent, aucun Parti dans aucun pays ne peut me condamner au silence, si je suis décidé à parler. Je vous invite à réfléchir cependant et à vous demander si vous ne feriez pas mieux d'être un peu moins susceptibles et de vous montrer dans vos actes un peu moins… Prussiens. Vous, le Parti, *vous*

[156] F. Engels, *Lettre à Bebel* (1er mai 1891), en ligne : www.marxists.org

avez besoin de la science socialiste et celle-ci ne peut pas vivre sans la *liberté* de mouvement. Il faut alors accepter les inconvénients par-dessus le marché et le mieux est de le faire décemment, sans broncher. Une tension, même faible, à plus forte raison une fissure entre le Parti allemand et la science socialiste allemande serait tout de même un malheur et un discrédit sans pareil.[157] »

Après notre enquête très étroitement limitée dans le temps, osons à présent un grand bond en avant, afin qu'elle nous serve de référence à la reprise élargie de la problématique « antisémite » dans un contexte totalement renouvelé, mais où demeurent les contradictions fondamentales, portées cependant graduellement aux dimensions de la planète entière.

---

[157] *Idem.*

Postface
Cinq à six générations plus tard

*Je crois avoir achevé d'éclairer de la sorte une petite partie de notre histoire moderne qui pourrait bien perdre progressivement de son importance relative dans un monde dont le centre de gravité démographique, économique et culturel s'est considérablement déplacé et continue de le faire. Si cette histoire locale a joué un rôle important, voire décisif, pour ma famille, mon entourage, ma perception des rapports humains et sociaux, je mesure parfaitement combien son éloignement dans le temps accentuera son effacement progressif dans les consciences, malgré le caractère de révélateur que cette problématique négativement liée aux Juifs à travers ce phénomène singulier, au nom plus singulier encore, l'*antisémitisme*, a pu avoir, et révéler ainsi sa portée symbolique plus universelle. Si mon grand-père est né avec l'antisémitisme, il n'est pour mes petits-fils, au mieux, qu'un repère dont ils connaissent l'existence et qui se rappelle à eux dans un tout autre contexte, et notamment sous la forme d'une injonction morale à en garder le souvenir et à combattre toutes les formes de discriminations raciales. Mais comme je le disais en ouverture de ce livre, cette injonction, dans la forme officielle qu'elle a prise, de résolutions parlementaires, de définitions abstraites, de contrôles administratifs me paraît la plus inappropriée, voire nuisible s'il s'agit comme on l'affirme souvent de « tirer les leçons de l'histoire ».*

Comme chacun aujourd'hui, je sais évidemment que cette petite tranche d'une quinzaine d'années que j'ai placée sous mon microscope historique pour y déceler ce virus social – l'époque de Pasteur ou de Koch se prêtait parfaitement à ce type de métaphore – a aussitôt été suivie d'autres, où sont apparus d'autres néologismes rapidement associés à l'objet de cette étude : sionisme, foyer national juif, nazisme, génocide ou judéocide, État juif, Territoires occupés, etc. Aux rapports plus étroits de l'antisémitisme allemand et du sionisme, j'avais déjà consacré une plus abondante étude[158]*. Les aspects historiques ultérieurs ont aussi été parfaitement analysés par de consciencieux chercheurs, et sont accessibles pour qui cherche à établir la vérité profonde des rapports de pouvoir entre les formations sociales.*

Mais aujourd'hui, à nouveau, dans ce cycle de l'éternel retour du discours purement idéologique, voilant de son épais brouillard de mots la pesante réalité matérielle, la mainmise sur les biens indispensables à la vie et ses inégalités foncières, l'antisémitisme n'est plus qu'un mot-fétiche au rayon des interminables prêches sur le Bien ou le Mal. La logique qui préside à ce dévoiement verbal est celle de la pensée idéaliste, qui n'est pas propre à tel ou tel groupe d'hommes, mais qui n'est pas par hasard impliquée dans le sujet qui nous occupe, la religion mosaïque dont se réclament encore les Juifs religieux et ses dérivés chrétiens ou musulmans constituant pour beaucoup le fondement apparent d'une morale qui serait extérieure au monde humain : celle du Bien et du Mal à la connaissance desquels Dieu nous aurait interdit d'accéder.

Quoi que nous fassions, et parce que nos intérêts immédiats nous y poussent, deux modes de penser se partagent les consciences. Et l'histoire, précisément, est le terrain de lutte privilégié entre eux. N'est pas historien, celui qui se prétend « historien des idées ». Dans ce sens, le judaïsme[159] *n'a pas engendré l'antisémitisme, ni ce dernier le sionisme,*

---

[158] Jacques Aron, *Le sionisme n'est pas le judaïsme. Essai sur le destin d'Israël. Avant-propos de Pierre Mertens,* Bruxelles, 2003, Didier Devillez.

[159] En allemand *Judentum* : a servi depuis le début de l'antisémitisme politique à désigner indistinctement, et au singulier, le « Juif », la race, le peuple, etc., bref l'ennemi, concept central négatif de tout isolement identitaire.

ni celui-ci le foyer national, etc., jusqu'à l'État juif, et au-delà dans un avenir inconnu encore à venir. Le temps est la mesure du mouvement des choses ; l'après conditionne la vision de l'avant, l'inverse n'est qu'illusion rétrospective. L'antisémite, à la recherche de légitimité, s'inventera des pères putatifs qui remonteront jusqu'où son imagination le porte. Et, curieusement, nos lexicographes amateurs qui rendent l'antisémitisme intemporel et consubstantiel à l'existence de leurs Hébreux, Israélites, Judéens, Juifs imaginaires depuis la création du monde, ne font qu'emprunter aux antisémites leur laborieuse remontée du temps. Mieux encore : puisque nous disposons à présent d'un recul d'un siècle et demi environ depuis que Wilhelm Marr forgea le terme dont ils se servent, nos auteurs d'un lexique politiquement correct peuvent allègrement poursuivre au-delà de sa mort en 1904 l'extension de cet antisémitisme à quiconque haïrait les Juifs comme cet Allemand les avait rejetés, non par préjugé religieux – il s'en défendait bien – mais en raison de leur nature présumée inamendable. J'ai eu l'occasion d'étudier de plus près le travail autrement conséquent d'une dizaine de philologues hautement qualifiés, appelés dès 1934 par le pouvoir national-socialiste à dresser « en huit volumes notre vocabulaire vivant, présenté dans son historique strictement scientifique et rigoureux, parfaitement compréhensible et sans digressions lassantes.[160] *» Ce* Trübners Deutsches Wörterbuch, *sélection des mots-clés, ne comporte ni définition du* sémitisme *ni de l'*antisémitisme, *si ce n'est, indirectement, à l'article* Jude *(Juif) du tome 4 paru en 1943, remarquablement édité et relié malgré la priorité de l'effort de guerre.*

[160] Jacques Aron, *La langue allemande sous la croix gammée. Le singulier dictionnaire de Trübner. Préface de François Rastier.* Liège, 2016, Presses universitaires de Liège. La citation est extraite de la préface au tome 1, Berlin, 1939, Walter de Gruyter, p. V.

« L'histoire de la signification de ce mot et la richesse de ses dérivés et composés sont intimement liées à l'histoire des Juifs dans l'espace allemand. Juif *est depuis l'origine jusqu'à ce jour celui qui appartient au peuple des Juifs ou confesse la religion israélite. L'homme du moyen âge divise le monde en chrétiens, Juifs et païens. [...] Comme descendant de ce peuple qui a crucifié le Sauveur, ils furent de tout temps haïs par la chrétienté. [...] Ils restèrent ainsi séparés de la communauté du peuple et demeuraient sous leur droit particulier ; leurs habitations dans les villes étaient isolées et devaient être rassemblées dans les* Judengassen, *ils devaient porter leurs propres habits avec une marque distinctive jaune, et ils étaient exclus de la plupart des professions et métiers. Le vieux droit coutumier allemand soulignait déjà l'idée de la protection du sang allemand.*[161] *»*

Et après une traversée philologique de quelques siècles, apparaît enfin le dérivé « question juive » « dans le domaine de l'éveil de l'antisémitisme » : « L'intrusion de la race juive et de l'esprit juif stimulés par l'esprit des Lumières trouva aux environs de 1830 son expression dans le terme encore très usité jusqu'aujourd'hui : Judenemanzipation *(émancipation juive).*[162] *»*

*Il nous faut bien comprendre dans quel milieu intellectuel le concept d'antisémitisme fut conçu. Il s'inscrit dans cette pseudo-science de l'esprit (*Geisteswissenschaft*), dont le père fondateur est Hegel, qui marque de façon décisive l'idéalisme allemand post-Révolution française*[163]*. En nommant les phénomènes, le penseur donne par le concept qu'il forge existence à la chose qui se révèle. Reportons-nous alors à l'article* Geist *(esprit) du même dictionnaire. Après*

---

[161] *Trübners Deutsches Wörterbuch,* tome 4, p. 56.

[162] *Idem,* p. 58.

[163] Hegel, *Phénoménologie de l'Esprit,* Traduction, notes, bibliographie et chronologie par Jean-Pierre Lefèbvre, Paris, 2008, Flammarion. L'ouvrage a paru en 1807.

nous avoir rappelé combien Geist *est d'origine purement germanique avant de subir l'influence du latin (*spiritus) *et du français esprit, l'auteur de la notice écrit : « Dans la langue ancienne,* Geist *signifie la 'force vitale' (Lebenskraft) par excellence. L'esprit est caché à l'intérieur de l'homme et il est sain ou malade, endormi ou éveillé, fort ou faible, grand ou petit. [...] Au XVIIIe siècle, il acquiert le sens établi 'esprit sans entraves', mais aussi celui de 'non chrétien', 'athée'. [...] S'élargissant,* Geist *ne s'applique plus depuis le XVIIIe siècle uniquement aux individus, mais aussi à une collectivité. On parle de 'l'esprit humain' en général. Herder s'efforce d'établir une 'Histoire de l'Esprit humain'. Une tournure analogue est 'esprit d'un peuple', 'esprit populaire', 'esprit national'. 'Aucun poète, aussi doué soit-il, ne peut produire ce que contient un recueil de chants populaires, car l'esprit historique d'un peuple est plus grand que l'esprit de ses plus grands individus.' » (Berthold Auerbach,* Deutsche Abende, *1867). De semblables concepts sont 'esprit de famille', 'esprit de corps' (issu du français), 'esprit de caste ou de classe', 'esprit des Allemands', 'des Grecs', en outre 'esprit du moyen âge', 'du temps moderne', 'du christianisme', 'du national-socialisme' »*[164].

Il va de soi que les auteurs juifs qui, après la formulation de l'antisémitisme et la concrétisation de sa pratique politique, réagiront à ceux-ci dans tout l'éventail des attitudes possibles –, que ces auteurs qui baignent souvent dans la même culture intellectuelle n'en rejettent pas pour autant

---

[164] *Trübners Deutsches Wörterbuch,* tome 3, p. 68. Ce tome paru en 1939 est le dernier dans lequel le nom des différents rédacteurs des notices est mentionné. L'article *Geist* est rédigé par un philologue nazi réputé Willy Krogmann. Le lien entre sa discipline et ses engagements politiques est bien documenté. Il publie en 1940 *La Bretagne aux Bretons. Témoignages du combat des Bretons pour la liberté.* Spécialiste du frison, du bas-allemand, etc. En ligne : www.deutsche-biographie.de

les présupposés idéologiques. Les histoires ou synthèses de l'antisémitisme qui, nous l'avons dit, voient déjà le jour en l'espace d'une quinzaine d'années ne remettent nullement en cause que le nom « antisémitisme » décrive une chose existante, effet nouveau de causes dont le pur entendement pourrait dresser l'inventaire. Dans cette généalogie de l'imaginaire, les mots s'enchaînent comme un collier de perles, et les « perles » n'y manquent jamais. Cyrus déportant les Hébreux à Babylone devient l'initiateur de toutes les déportations ultérieures. Cyrus, autorisant le retour de certains d'entre eux à Jérusalem devient le libérateur de tous les Juifs à venir et le père putatif de tous les sionismes à naître. Un jeu d'actions et de réactions a tôt fait de produire une dialectique qui s'auto-entretient.

Plus récemment, après la Seconde Guerre mondiale et la disparition du régime politique qui s'était identifié au but théologico-politique de vingt siècles de croyance chrétienne, à savoir l'exclusion, et si possible l'élimination de ses origines mythiques dans la « civilisation » hébraïque, cet antisémitisme est devenu une référence incantatoire, dont il est de plus en plus difficile de cerner le contenu et de retracer l'histoire réelle. Chez Adolf Hitler, déjà, et parce que les chrétiens dont il réclamait le soutien se divisaient déjà depuis cinq siècles, « le » judaïsme signifiait « le » Juif, qui n'était plus que le synonyme d'ennemi absolu du Germain : « Ainsi, je crois agir dans l'esprit du créateur tout-puissant ; en me défendant du Juif, je combats pour l'œuvre du Seigneur.[165] » *Les aléas de l'histoire ont empêché cette définition d'entrer dans le dictionnaire de Trübner, dont les quatre premiers volumes parus avant la défaite de 1945 regorgent déjà de citations du Führer.*

Je laisse à la perspicacité du lecteur le soin de deviner pourquoi d'autres organisations étatiques ou supra-

---

[165] A. Hitler, *Mein Kampf*, tome I (1925). Édition NSDAP 1943, p. 70.

étatiques ont récemment repris, à partir de 2017, la folle ambition de redéfinir arbitrairement un mot et un seul de notre vocabulaire, présent il est vrai dans toutes les langues, mais aussi incongru dans toutes, dès qu'on le détache de tout contexte verbal et historique, comme c'est actuellement le cas. En se réfugiant dans une métaphysique de la haine, des parlementaires linguistes amateurs ont rendu le plus mauvais service qui soit à la pensée, ils l'ont anesthésiée, voire laissée pour morte sur la table de leurs opérations. Les avions-nous élus pour cela ? La compréhension de l'histoire humaine est autrement plus complexe que le combat d'une pandémie qui nous a frappés depuis lors et dont la cause est extérieure à notre propre évolution. Nous en serons quittes bien avant d'avoir acquis la maîtrise raisonnée du monde humain. Le Juif, et lui seul, avait été officiellement proclamé virus parasite des peuples modernes, appelé à entraîner inéluctablement leur mort après un temps plus ou moins long.

Index des noms cités

Table des matières

Ouvrages du même auteur

ÉDITEUR : DIDIER DEVILLEZ, BRUXELLES

- *Anthologie Bauhaus,* Écrits de professeurs et étudiants, 1919-1933. Introduction et choix de textes de Jacques Aron, traduction en collaboration avec Franz-Peter Van Boxelaer, 1995
- *L'année du souvenir. La famille, la judéité, le communisme, l'architecture, la peinture, la mort et quelques sujets de moindre importance*, 1997 ; réédition 2009
- *La mémoire obligée,* avant-propos de Serge Moureaux, 1999
- *Petite philosophie portative,* pensées, poèmes, collages, 2001
- *Le sionisme n'est pas le judaïsme, essai sur le destin d'Israël,* avant-propos de Pierre Mertens, 2003
- *Karl Marx, antisémite et criminel ? Autopsie d'un procès anachronique*, 2005
- *Mon identité élective, Juif européen athée*, préface de Yannis Thanassekos, 2008
- *Israël contre Sion ou Les deux visages du judaïsme*, 2010
- *Épître aux Terriens sur le 8e Jour de la Création,* avec 6 collages de l'auteur, 2014
- Constantin Brunner, *Le malheur de notre peuple allemand et nos « Völkisch »*, introduction, traduction et notes de Jacques Aron, 2008 (en coédition avec le Centre d'Études et de Documentation – Mémoire d'Auschwitz asbl)
- Constantin Brunner, *Écoute Israël, Écoute aussi Non-Israël (Les sorcières) et La nécessaire auto-émancipation des Juifs allemands,* introduction, traduction et notes de Jacques Aron, 2011

ÉDITEUR : ADEN, BRUXELLES

- Constantin Brunner, *Des devoirs des Juifs et des devoirs de l'État,* Préface, notes et traduction de l'allemand par Jacques Aron

ÉDITEUR : L'HARMATTAN, PARIS

- *Theodor Lessing ou le philosophe assassiné*, avec une anthologie de textes traduits de l'allemand par l'auteur, 2014
- *Saul Ascher. Un philosophe juif allemand entre Révolution française et Restauration prussienne,* suivi de *La Germanomanie (1815)* et *La Célébration de Luther sur la Wartburg (1818)* de Saul Ascher, adaptés et annotés par Jacques Aron, 2017
- *Mythologies et réalités juives au commencement de l'Europe moderne. Huguenots et Juifs ou l'illusion rétrospective,* 2018
- *L'an passé à Jérusalem. Le destin d'Israël en diaspora,* 2019

ÉDITEUR : PRESSES UNIVERSITAIRES DE LIÈGE

- *La langue allemande sous la croix gammée. Le singulier dictionnaire de Trübner,* préface de François Rastier, 2016.
- *Antisémitisme. Usages et mésusages du langage,* 2018

ÉDITEURS DIVERS

- *Théorie et pratique de la spéculation foncière*, avant-propos de Jacques Moins, illustration de couverture : René Salme, Fondation Jacquemotte, Bruxelles, 1973
- *Le tournant de l'urbanisme bruxellois, 1958-1978*, avant-propos de Jacques Moins, Fondation Jacquemotte, Bruxelles, 1978

- *Architecture et société, essai de théorie de l'architecture*, Lay-out : Herman Lampaert, CIAUD, Bruxelles, 1975

- *Architektuur en maatschappij, essai over architektuurteorie*, ICASD, Bruxelles, 1975

- *La Cambre et l'architecture, un regard sur le Bauhaus belge*, Pierre Mardaga, Liège, 1982

- *L'invention de l'architecture*, Couverture : « L'architecte », collage J. Aron, CFC-Éditions, Bruxelles, 1998

- *Otto Hofmann*, catalogue édité à l'occasion de ses expositions au Goethe-Institut Brüssel (16/1-27/2 1993) et au Angermuseum Erfurt (15/4-6/6 1993). Textes de J. Aron, Chr. Gaspar, O. Hofmann, W. Kandinsky, P. Klee, F. Nolde et D. Sturm. SÉPIA, Bruxelles, 1993 (avec le soutien de : *Goethe-Institut Brüssel, Angermuseum Erfurt, Senatsverwaltung für Kulturelle Angelegenheiten Berlin, Communauté française Wallonie-Bruxelles*)

- *Félicie Aron-Lewin, résistante belge, déportée juive*. Dossier pédagogique établi par Jacques Aron, Fondation Auschwitz, Bruxelles, 2009

Structures éditoriales du groupe L'Harmattan

L'Harmattan Italie
Via degli Artisti, 15
10124 Torino
harmattan.italia@gmail.com

L'Harmattan Hongrie
Kossuth l. u. 14-16.
1053 Budapest
harmattan@harmattan.hu

L'Harmattan Sénégal
10 VDN en face Mermoz
BP 45034 Dakar-Fann
senharmattan@gmail.com

L'Harmattan Cameroun
TSINGA/FECAFOOT
BP 11486 Yaoundé
inkoukam@gmail.com

L'Harmattan Burkina Faso
Achille Somé – tengnule@hotmail.fr

L'Harmattan Guinée
Almamya, rue KA 028 OKB Agency
BP 3470 Conakry
harmattanguinee@yahoo.fr

L'Harmattan RDC
185, avenue Nyangwe
Commune de Lingwala – Kinshasa
matangilamusadila@yahoo.fr

L'Harmattan Congo
67, boulevard Denis-Sassou-N'Guesso
BP 2874 Brazzaville
harmattan.congo@yahoo.fr

L'Harmattan Mali
Sirakoro-Meguetana V31
Bamako
syllaka@yahoo.fr

L'Harmattan Togo
Djidjole – Lomé
Maison Amela
face EPP BATOME
ddamela@aol.com

L'Harmattan Côte d'Ivoire
Résidence Karl – Cité des Arts
Abidjan-Cocody
03 BP 1588 Abidjan
espace_harmattan.ci@hotmail.fr

L'Harmattan Algérie
22, rue Moulay-Mohamed
31000 Oran
info2@harmattan-algerie.com

L'Harmattan Maroc
5, rue Ferrane-Kouicha, Talaâ-Elkbira
Chrableyine, Fès-Médine
30000 Fès
harmattan.maroc@gmail.com

Nos librairies en France

Librairie internationale
16, rue des Écoles – 75005 Paris
librairie.internationale@harmattan.fr
01 40 46 79 11
www.librairieharmattan.com

Lib. sciences humaines & histoire
21, rue des Écoles – 75005 Paris
librairie.sh@harmattan.fr
01 46 34 13 71
www.librairieharmattansh.com

Librairie l'Espace Harmattan
21 bis, rue des Écoles – 75005 Paris
librairie.espace@harmattan.fr
01 43 29 49 42

Lib. Méditerranée & Moyen-Orient
7, rue des Carmes – 75005 Paris
librairie.mediterranee@harmattan.fr
01 43 29 71 15

Librairie Le Lucernaire
53, rue Notre-Dame-des-Champs – 75006 Paris
librairie@lucernaire.fr
01 42 22 67 13

www.ingramcontent.com/pod-product-compliance
Lightning Source LLC
LaVergne TN
LVHW010430230826

846092LV00009BA/1116
9782343205670